光文社知恵の森文庫

大木　ゆきの

幸せなことしか起こらなくなる48の魔法

光文社

本書は『幸せなことしか起こらなくなる48の魔法』
（2015年　ワニブックス）を加筆・修正し文庫化したものです。

ここで問題です。
次のA、Bのうち、どちらの方が不幸でしょうか?

A 会社に行く途中で現金30万円を落とした。

B 恋人に浮気され、しかもその浮気相手が、親友だった。

正解は…

どちらも幸せです。

本書を読めば、その謎が解けることでしょう。

はじめに——あなたは幸せを見逃しているだけ

春が終わりを迎える頃。

駅に向かう道の途中で、かわいらしい小さな花々をたくさん見つけました。

ピンク、黄色、紫。可憐に、控えめに咲いています。

じっと見つめていると、はにかみながらも咲いたことをとても歓んでいるのが伝わってきます。

この季節の世界には、鮮やかな彩がちりばめられます。その彩を見つめているだけで、魂が震え、至福に満たされます。

あなたがもし、部屋の中で考えごとをするのに忙しくて、頭がいっぱいいっぱいなら、外に出ましょう。

こんなにも世界には彩が満ちあふれている。

それらはあなたに向かって無条件に光を放射しています。

外に出て、自然を感じて、体を少しでも動かしてみると、あら不思議。

さっきまでのあのぐるぐる状態から、あっという間に自由になっています。


幸せは一体どこにあるのだろう。

あなたはずっと探していたかもしれませんね。

でも本当は、そこにあるのに見逃しているだけです。

この世界には際限(さいげん)なく幸せが広がっている。

ガラスのコップに当たった光だって、よく見れば、途方もなく美しい。

コップに注がれた水がのどを潤す瞬間も、深く味わってみれば、清流が流れ落ちるように心地よい。

まして、咲いている花や、吹き抜ける春風や、新緑のまぶしさが、どんなにあなたを幸せにするかわからない。

春祭りのちょうちんに火が灯(とも)っているのを見ても、心がほのぼのやわらかになる。

子供たちがじゃれ合いながら、歓声を上げて駆け抜けていくのを見ても、一緒に踊り出しそうになる。

この世には、たくさんたくさん素敵なことがある。

それでもあなたは悲しいことや腹立たしいことばかりを見つめようとする。

その視線をちょっとずらすだけでいい。

そこにはいくらでも幸せが転がっている。

無料で、大放出中だ。

苦しみばかり見つめていないで、ありきたりすぎて見逃している幸せを再発見しよう！

そうすれば、いかに恵まれ、いかに満ち足りているかすぐに思い出せるはず。

あなたは不幸なのではありません。ただ単に、幸せを見逃しているだけです。

この本は、自分の人生なんてろくなもんじゃないって、悲しい気持ちになっている方にこそ、ぜひ読んでいただきたいです。

本当は不幸なんかじゃない。すべては最高の人生に向かって起こっている。

私にはそういうことを教えてくれる人はいませんでした。

でもあなたにはこの本がある。

あなたは素晴らしい人です。どこもおかしくない。

私があちこち擦りむきながらつかんだ「幸せって意外にカンタンなんだ」ってことを、この本を通してぜひつかんでください。

あなたの幸せを、心から祈っています。

大木ゆきの

幸せなことしか起こらなくなる48の魔法●目次

第一章 幸せとは何か？

第二章 本当の自分とは何か？

第三章

壁にぶち当たったあなたへ

第四章 夢を叶える方法

第五章 勝手に幸せになっちゃうワーク

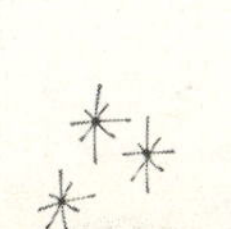

本文デザイン◉石川直美
（カメガイ・デザイン・オフィス）

第一章 幸せとは何か？

＊この世は思い出しゲーム

私はただ生きているだけでありがたく、面白く、幸せだと感じています。

まだ私が二〇代の若かりし頃、会社の同僚が、「私は本当は幸せだったんだなぁと気付いたんですよ」と言った時、「なぁ〜にを言ってるんだか。このおめでたい人は。三〇歳を過ぎて仕事はバイトだし、離婚もしているのに、それで幸せだなんて、どうして言えるんだろうか。だいたい、幸せってそんなにカンタンになれるものじゃないのに」と本気で思っていました。

そういう私が今は『幸せって意外にカンタン♪』というブログを書いているんですから、人生って面白いものですよね。

私は幸せだと実感するには、いろいろな条件が揃(そろ)わないとダメなんだとず〜っと思っていました。まず大好きなことを仕事にして、それで成功して高収入で、人間関係に何のトラブルもなく、心からわかり合えるたくさんの友人に恵まれ、

愛し合えるパートナーもいる。家族もみんな健康で仲良く、自分はいつも若々しく美しく輝いていて、素敵な家にも住んでいる。

まあ、最低このくらいのことが揃って、はじめて「幸せだ」って言えるんだと思っていました。でも、そうじゃなかった。幸せは何かが手に入ることや、何かを知っていること、そして何をやっているかの問題ではなかった。

私にとっては、ただ単に、「ありのままでいいんだ」と心から思える状態のことだった。どんな自分もいていいんだと思える安堵感のことだった。外側でどんなことが起ころうと、真実の世界では、何も失われることなく、何も変わらず、無限の平和があることに目覚めることでした。

その状態にあれば、別に何をしていても幸せを感じることはできる。そして、内側が満たされていれば、やがてそれは外の世界にも反映されていくものなのだと実感しました。

だから、幸せは決して大それたものではなく、選ばれた人のみが体験できるものではないんだと思います。

とてもシンプルで、誰もが感じられること。そしてどの瞬間からでも、内なる平和に触れてアンカーすれば、幸せになれるものなのだと思います。

難しい手法や、理論もいらない。深刻になるような問題でもない。呼吸するのと同じくらい当たり前で、実はそもそも、そうであったと気付くだけのものでした。

幸せを難しいものだとず〜っと思ってきた私にとっては、その事実に気付いてみると、確かに「幸せって意外にカンタン！」だったのです。

それはたくさん苦しんできたからこそ、つかんだ真実であり、それを生きているからこそ、自分の言葉として伝えられるんだと思います。

でもね、本当の幸せは、幸せであるとか、不幸であるとか、全く意識しなくなることのようです。

どの瞬間も、どんな体験も「すべてがすべてであるがままでいいのだ」と、受け容（い）れてしまうと、幸せと不幸の境目がなくなってしまうからです。

そして、あなたが自分の人生をどう感じているかに拘（かか）わらず、実は今この瞬間も、あなたはその究極の幸せの中に在る。何もしなくてもすでに満たされている。

そんなことは私が言うまでもなく、あなたの魂はちゃ〜んとわかっている。わかっているんだけど、忘れたことにして、顕在意識を使って思い出すゲームをしているだけです。

この世は、思い出しゲームなんですよ。

要するにあなたの好きなコース、好きなペースを選んでそれをやっているだけのこと。だから何も間違っていないんです。ちゃんとうまくいっています。

それに気付いて、じゃあ後は楽しむだけだなと、どの瞬間も生きていることを味わいながら過ごすもよし。深刻になって、あえいでみるもよし。好き好きだってことです。

ゲームに没頭するあまり、深刻さの度合いが当初の予定よりも深くなり過ぎてしまった人のために、「ちょっとちょっと、これはゲームなんですよ」と、必要な時に肩をちょんちょんと叩く、私のような係も配備されていたりする。

まあそれすら、私が決めたコースだっていうだけのことですけどね。

＊「幸せになる方法」では幸せにならない

さて、自転車に乗れない人が、自転車に乗る方法を本で学んだとします。もう舐めるように読んで、暗記までした。

じゃあそういう人が自転車に乗ったとたんに乗りこなせるようになるかといえば……そういうわけにはいかないですよね。本で読んだ乗り方は参考にはなるけれど、実際自転車に乗ってみないと、車輪とハンドルのバランスを取る感覚をつかむことはできない。

「生きる」ってことも、自転車に乗れるようになるのと似ている部分があると思います。生き方について書かれた本は山ほどある。どれもみんないいことを言っている。参考になることはたくさんあるでしょう。

でもいくら本を読んで、その方法を頭で理解できたとしても、実際生きてみなければわからない。自分の体を使って生きてみて、はじめて自分にふさわしい

「生きる」というバランスの取り方がわかってくる。

私も「どうしたら、幸せになれるんだろう」とず～っと思っていました。ハウツー本ももちろん読んだことがありましたよ。

でもね、今気付いていることは、幸せに関しては「方法」の問題ではないんだなぁということ。方法が人を幸せにするわけではないんだと感じています。

本当は「幸せになろう」とすることを完全にやめた方が、早く幸せになれます。

でもこれも方法じゃないんですよ。いくら頭で「よし、わかった！　幸せになろうとするのをやめるぞ！」って思ってみても、そうなれるものでもない。

覚悟の問題のような気がします。

「なんとしてもすべてをコントロールせずにはいられない、そうじゃないと不安で仕方ない、そのコントロール欲みたいなものを完全に宇宙に明け渡します」っていう覚悟の問題です。つまり「宇宙に無条件降伏できるかどうか」ということです。

この覚悟が決まると、とたんに、もう不幸という状態ではなくなります。

不幸や混乱は「足りない」「どうにかしなければ」から来ていますから、これを放棄したら、もう不幸になりようがなくなるのです。

社会的に名声を博(はく)していたとしても、収入が高かったとしても、やりたいことを仕事にしていたとしても、満たされない人はたくさんいます。

それなのに、無名のすっかんぴんで、裸に布一枚を巻いている程度なのに、月を見上げて涙したりする幸せ者もいるのです。

この人は決してバカなわけじゃない。純粋に満たされています。神としての本質をシンプルに顕在化した人です。

コアが常に至福であることに目覚めていれば、何をやってたって、どういう状況であっても、宇宙と一つになっている。

そして宇宙が自分という肉体を通じて顕(あらわ)そうとするものを、無制限に顕し続けられる。もしも、そういう状態であるなら、その人は他人から見て、とても生き生きしていて、幸せに見えるでしょうね。

でも本人は別に幸せだとも不幸だとも思っていない。そんなものは超えている。ただ命そのものとして燃えている焔（ほのお）のようなもの。シャカリキになって頑張るのをやめて、源からあふれ出すものにただ従えばいいわけですから、実はとてもシンプルな話なんです。

だからやっぱり、「幸せって意外にカンタン！」なんだろうと思いますよ。

＊幸せを遠慮なく受け取ってください

「こうなるぞ！」としっかり意図しているにも拘わらず、何で叶わないんだろうって思うことはありませんか？　そして、その理由って何だと思います？　ちょっと自分に訊いてみてください。

実は私のブログの読者交流会でも、同じ質問をしたんですが、いろんな答えが返ってきました。

「行動していない」

確かに行動した方がいいんだけど、行動しているのに叶わない場合があるんです。

「信頼していない」

確かに宇宙を信頼した方がいいんだけど、信頼する前にすることがあります。

それって何だと思います？

それは「許可する」ってことなんです。この許可することってけっこう忘れられているんですよね。

手に入れたいものものははっきりしているし、自分にできることを一生懸命していても叶わないのは、自分がその幸せを受け取ることを自分に許可していないからなんですよ。

自分はそんな幸せを受け取れるほどの価値なんてない。

そんなことがもしも現実に起こったら、本当は尻込みしてしまう。

夢はいつも誰かによって踏みにじられて傷ついてしまう。だったら叶わない方がいい。

……そんなふうにどこかで思っていませんか？

ものすごく高級なレストランに行ってみたいと思うけど、実際に行ってみると、なんとなく自分はお呼びじゃなかったような気がして、身の置き所がないような気持ちになってしまう。

そして、うちに帰ってお茶漬けを食べたら落ち着く、みたいなことってあると思います。

それと同じように幸せや夢が叶うことを、どこかで恐れ、現状維持でいいと思っていることってあります。

あるいは「私みたいな者が、いいのだろうか」と思っていたり……。

もしかするとそもそもその夢は、本当は叶わない方がいいと思っているってこともあったりします。

よ〜く周りを見回してみてください。そんなに才能があるわけでもないのに、幸運に恵まれている人っていると思います。そういう人は自分に対して「許可」することができているんです。

もちろん努力も必要でしょうけれど、もっと大事なのは「許可」です。

実力そのものよりも、「自分が幸せになっていい」と思っているかどうかの方がずっと影響力が大きいのです。

不思議な話かもしれませんが、どこか悲劇好きな人っているんですよ。悲劇のヒロインの方が落ち着く……みたいな。こんなに幸の薄い私って健気。誰よりも不幸な私……あぁかわいそう……みたいな。

それを自分で明確に認識しているなら、それはそれでその人の好みですからいいと思います。

でもあなたはどうですか？　私は悲劇のヒロインはあんまりやりたくないなぁ。どう見ても悲劇のヒロインぽいキャラじゃないですからね。お気楽極楽、みたいなのがいいなぁ。

もしもあなたも楽しく人生を生きて、夢をどんどん実現させてみたいなら、まずどうなりたいのか意図し、そして次に、思った通りになることを許可しましょう。

それが夢を実現させるための最初のステップです。

＊人生のシナリオは、書き換え可能！

さて、ここからは「人生のシナリオは書き換え可能」というお話をしようと思います。シナリオを書き換えるには、二つのことを理解するだけでＯＫ。

一つは、この人生を創ったのは自分だと受け容れること。

もう一つは先ほども触れましたが、自分は幸せになる価値があると認めること。幸せになることを自分に許すといってもいいでしょう。

たった二つだけ。カンタンでしょう？

さて自分が自分の人生を創っていると観念するということは「誰かがこうだから、私は幸せになれない」という責任転嫁を放棄するということです。

この状況はすべて私が創り出したのだと、無条件降伏するということ。

そんなぁ！　負けを認めるようなものじゃないですか！

そんなぁ！　あの人絶対ひどいことしましたよ！

それも全部私のせいですかぁ！

納得いきませ〜ん！

ごもっとも。ごもっともです。「全部私がやりました」と認めるにはあまりにも過酷な状況もあるかもしれません。三次元的に見れば無理もないでしょう。

でもすべてが愛でつながっている高次元の光の世界から見れば、それはあなたの過去生のカルマを返すために起こっていたり、あるいは「自分なんてどうされても仕方がない人間だ」というあなたの思い込みが引き寄せた現実だったりするのです。

かくいう私も思い通りにいかない現実をずっと人のせいにしていました。あの人がこうだから、私は幸せになれないんだと、ず〜っと思っていました。でもその状況の中では何も変わりませんでした。

なぜなら、「自分の人生を他人が創り出している」と思っているうちは、自分の人生を創造する主導権を相手に明け渡している状態だから。それでは他人に振

り回されるだけです。

でも納得いかないことも含めて、この状況は私が創り出している、と認めてしまったら不思議なことに「人生の主導権」が自分に戻ってきたのです。

この「人生の主導権」こそが、自分にとって幸せな人生を創り出す原動力になるのは言うまでもありません。

だからあきらめて、この人生は私が創り出したと受け容れてください。ひどいことがあったら、腹を立てても、ケンカしても、悲しくなってもいいんですよ。それを抑圧すべきということではありません。

感情を思いきり味わいつくしながらも、この状況は私が創り出しているという認識だけはしっかり持っていてください。

もう一つは、「自分は幸せになる価値があると認め、幸せになることを許可する」ということですが、幸せになるのに許可がいるのかと不思議に思われるかもしれませんね。でもそういうことってけっこうあるんですよ。

自分は幸せになる価値がないと潜在的に思い込んでいることって、そんな珍しい話でもありません。私たちは生まれてこの方、

「成績がよくないと……」

「たくさん友達がいないと……」

「美しくないと……」

「人の言うことを聞かないと……」

「何か特別な才能がないと……」

などなどの条件が揃わないと、簡単には幸せになれないとさんざん言われ続けてきました。

「そうか、私はその条件を満たしていないから、幸せにはなれないんだ」。そういう思い込みが潜在意識に刷り込まれていることがあるんです。

「こうじゃなきゃ幸せになれない」という手枷足枷を全部外しましょう。すべての人は神の分身です。必要なものは全部持っています。あなたはそのままで価値ある存在です。そっちに意識をシフトしてください。

さて、あなたが「成績が悪いので幸せになれない」と思い込んでいたとします。

おめでとうございます。成績がパッとしないままだったあなたは、見事に幸せにはなれなかった。そうです。あなたには思ったことを実現させる力があったという証拠です。

ええ？　私は勉強を頑張って一番になったけど、幸せになれなかったよ。どういうこと？

という方もいらっしゃるでしょう。

その場合は恐らく「私は愛される価値がない」という思い込みが実現したのでしょう。ちなみに私はそうでしたよ。

いずれにせよ、あなたが思い込んだ通りの人生にちゃんとなってきたということです。

だからその思い込みを変えれば、いかようにでも人生は書き換え可能ということ。

ダメ人間の烙印（らくいん）を押されてきたのなら、その逆の「素晴らしい人間」だと思えば、素晴らしい人間というあなたの本質が発露し、素晴らしい人間として生きられるようになるのが自然の理（ことわり）です。

難しい話じゃありませんね。

「そうか！　難しいことじゃないんだ！」

そうです、そう思ったあなたは、人生を書き換えることが難しくなくなりました。なぜなら思ったことは実現するからです。楽に行きましょう。楽に。

✳幸せの自家発電は可能です

さて読者の中には、自分の身の回りにある小さな幸せを大事にされている方が多いかもしれません。小さなことだけど、それで大きな幸せを感じて、一日中満たされた気分でいる……なんていう幸せ体質の方もいるでしょう。

もしこんなふうに幸せの流れに乗り出すと、何だか一人だけで幸せになるよりも、たくさんの人と一緒に幸せになりたいと思うようになります。

私がブログやラジオの仕事をはじめたのも、実はそういうところから来ています。

自分がやってみて幸せになったことを、もし参考になるならば、たくさんの人に伝えたい。そしてみんなが自分らしく輝いて幸せになったら、私もとってもうれしいなぁと思いました。

そうやって何も考えずに、とにかく自分にできる幸せの分かち合いをしていっ

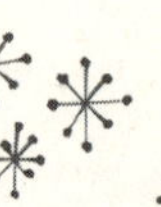

たら、自然と大きな幸せが向こうからやってきたのです。

きっと幸せって、分かち合うことによって、自分の持ち分が減っていくものではなく、むしろ増えていくものなんだろうと思います。

だから幸せになりたいと思うなら、まず自分をちゃんと満たし、満たされたら自分の方から分かち合えるモノを分かち合っていけば「幸せ貯金」が複利で増えていくみたいな感じですよ。だからガツガツする必要もないんですよね。

でも自分が「幸せ貧乏（あまり幸せを感じていない状態）」だと、分かち合ったら減ると思ってしまう人もいます。隙あらば、より自分の持ち分を多くしようと画策し、人の分まで自分の分にしないと、いつか奪われると思ってしまう人もいる……。

幸せはすべての人に十分に行き渡るように無限にあるのに、分離の幻想の中にいる人にとってはそうは思えないのでしょう。

そもそも幸せって、人からもらわなくても、自分で創造できるものです。人からもらおう、もらおうとすると、ますます逃げていってしまう……。

なぜなら、人からもらおうとすることは、「私は自分の力では、自分を幸せにできません」というアファメーション（断言）を宇宙に向かって放送しているようなものだからです。

これをやってしまうと、「ああそうですか。あなたは幸せになれない、ということを自分の自由意志で選んだんですね」と宇宙は受け取り、それを忠実に実現させてしまいます。

中には、そういう人を親身になって面倒見る人もいます。ですが、本当のことを言うとそれは、その人が自分で幸せになれる機会と力を奪っていることにもなります。この状態は「依存」と呼ばれます。

依存している人は、ますます相手に頼り、自分の力を使わないようになり、依存される人は「誰かの役に立つことで、やっと自分には価値がある」という思い込みをますます強化していくことになる。

両者にとってネガティブなスパイラルに入っていくことになってしまいます。

それは、互いにとってとても消耗する関係です。

だから私も、依存してるなぁ、と思う人とは距離を置くことにしています。その人も自分で幸せになれるということを信じて……。

ということは裏を返せば、**人に頼らなくても「私は自分で自分を満たし、幸せになれます」というアファメーションを宇宙に放送すれば、そちらが実現するということ。**そっちに切り替えればいいだけの話です。

私たちはそもそも一つですから、宇宙はあなたを見捨てようがないし、ちゃんと見守っています。三次元上ではあなたの思い込みの方が顕現するので、よくわからないかもしれませんが、すべての人に愛されているということも真実です。

だから何も心配することなんてない。

しっかり自分の足で立って、自分が心から満たされることを遠慮しないで自分に許していけばいい。

小さなことを純真に喜ぶということも、幸せの発電効率をものすごくアップさせますよ。

そしてガンガン幸せを自家発電できるようになったら、その幸せエネルギーを分かち合い、広げていけばいい。それによってさらに大きな幸せが流れ込み満たされるので、なおいっそう大きな幸せエネルギーが出力されます。

そうしたら、またまたそのエネルギーを分かち合っていけばいい。こうやって幸せの大きな循環が生まれると、後は流れるままに生きるだけでよくなります。

というわけで、今すぐあなたにできることは、**自分が自分を幸せにする力があるということを信じること。**そしてその力を実際に使ってみることです。

あなたは決してちっぽけで無力な存在なんかじゃありませんからね。偉大な神の分身です。そっちに意識をフォーカスしましょう。

＊360度の幸せ

たとえば、ある人が今、生活が苦しいとします。そんなその人が「将来、絶対に最低でも月収100万円を稼ぐぞ」という目標を掲げました。

その目標のためだったら何でもしようと我武者羅（がむしゃら）に働いて、ガッツリ資金を貯めて、とうとう自分の会社を設立しました。

時流に乗ったその会社はどんどん売り上げを伸ばし、気付いたら、月収は100万円どころか、それ以上になっていた。意図して、受け取ることを許可して、絶対そうなると信じて、そして行動も一生懸命すれば、確かに望んだものが手に入ります。

さてさて、この人は、会社がうまくいって、月収も多い時には一千万円以上入ることもある。ベンツに乗って、高層マンションの最上階から毎日大都会を見下ろし、美人の奥さんもいて、値札を見ないで買い物をするようにもなりました。

ただ、余りにも忙しく、ほとんど家庭を顧みることができません。でも家族には「贅沢な暮らしをさせているんだから、文句ないだろう」と思っていました。**ところが……実は奥さんは、いくら贅沢をしても満たされていませんでした。本当は夫婦で一緒にいる時間が欲しかったのです。そしてたくさん話がしたかった……。**奥さんはますます満たされなくなっていきました。

そして、同窓会で再会した元彼と急に再燃し、そっちにのめり込んでしまいました。

ある日、その人が家に帰ってみると、荷物がなくなっていて、

「あなたといても寂しいだけでした。私は私の道を行きます。さようなら」

という奥さんからの置手紙だけがあり、奥さんはどこかに消えていました。最初に望んだ月収１００万円の望みは、今も実現し続け、ますますアップしています。でも砂を噛むような日々になりました。

幸せになろうと思って頑張ってきたのに……。

目標を定めれば、あなたという人に降り注ぐ３６０度の恩寵のうち、その目

標の方角からしか幸せは入ってきません。じゃあ、もっと望めばいいんだと思いますか？

この人は温かい家庭というものも望めばよかったのか……。

いやいや、もっと～っと、たくさんのことを望めばよかったのだ……。

そういう考え方もあるでしょう。それも、もしかしたら実現するかもしれません。そして、それも間違いということではありません。

でも本当の幸せはそこにはないかもしれません。

なぜなら「幸せ」とは、「モノ」や「地位・名声」、「収入」、「美人の奥さん」ではないからです。幸せは、心が満たされているという、ただの状態なのです。「モノ」や「地位・名声」、「収入」、「美人の奥さん」を手に入れたいと思った本当の動機は、それが手に入れば「心が満たされる」と思ったからなんですよ。それ自体が欲しかったわけではないはずです。

さて、その「心が満たされている状態」……実は一瞬で手に入ります。

思考を止めて、今にただ在るだけで、探さなくても、最初から在ったものだと気付きます。

そして、その自分の真っ芯に存在している、まったき平安……それとともにいつもいれば、何かを「絶対手に入れてやる」と意気込まなくても、ただただ魂に従って生きているだけで、最高最善がもたらされます。

あなたの頭で考えていた以上の「真の幸せ」が外側にも自然に顕れてきます。

なぜなら、外の世界は内の反映だからです。それに、そもそもあなたの本質は、この宇宙すべてよりももっともっと大きな、無限の恩寵そのものです。その無限の恩寵に向かって、いつも扉を開くことができていたら、あなたが頭で望んだことを超越した、真の幸せがもたらされて当然なのです。**想像以上の恩寵がもたらされるのに、想定内の幸せに限定する必要はないのです。**

ではあなたが「私はそんな想像以上の幸せを受け取ろう、そのために変な望みを持つことをやめよう」と決めたとしましょう。

ところが、ここに落とし穴があります。

「想像以上の幸せを受け取ろう、そのために望みを持つことをやめよう」

実は、この言葉には矛盾があります。それは一体何でしょう？　じっくり見つめてみてください。

みなさん、この矛盾がわかりましたか？　望みを持つことをやめようと言いながら、この人はとんでもない望みをガッチリ握りしめています。そうです！「想像以上の幸せを受け取る」という望みをがっちり握っている、ということです。

えぇ？　「想像以上の幸せを受け取る」って思っちゃいけないの？　とお思いですか。もちろん、思っても構いませんよ。思うことは自由ですから……。

でも、想像以上の幸せというのは、結果的に起こることであり、こちらから意図して起こすものではありません。

この状態は、すべての執着を手放し、宇宙に完全に委(ゆだ)ねている状態ではないんです。せっかくの宇宙からの無限の恩寵の流れを堰き止めてしまいます。

宇宙に委ねるということは、小さな自分が小細工することをすべてあきらめ、何かを期待することすら、完全にやめることです。

そして、宇宙に委ねている状態にある時、あなたがすることはただ一つ。毎瞬魂に従う……それだけです。それが無限の恩寵を三次元上に勝手にもたらします。

純粋に魂に従っていると、結果は全く気になりません。ただただ毎瞬湧き起こる聖なる情熱に従って、躊躇せず、誰にも気兼ねせず、何があろうと淡々と、次々行動を起こしていくだけです。未来への期待も、目指すべき地点も、特にない。毎瞬、最高最善が起こっているということを信頼していて、常に現在形です。

いろいろ言いましたが、結局あなたは、無限の恩寵そのものなのです。すべてをすでに持っているのです。だからわざわざ何かを望む必要なんてないんだ、とも言えます。

無駄な抵抗をやめて、期待も全部捨てて、ただ純粋に魂に従い続ければ、自動的に360度から無限の恩寵が流れ込む……。

実はとてもシンプルなお話なのです。

＊あなたは今日も夢のような人生を生きている

テレビや映画でヒットするドラマって、どういうストーリーが多いと思いますか？

『半沢直樹』って、私は見ていませんでしたが、確か銀行員の主人公が、濡れ衣（ぎぬ）を着せられて、その汚名をそそぐストーリーでしたよね。

『渡る世間は鬼ばかり』も見ていませんが、次々家族の間でトラブルや問題が起こり、それを主人公が乗り越えて行くストーリーだったような気がします。

『冬のソナタ』も、初恋の恋人同士が、結ばれそうでなかなか結ばれず、やっと最後に再会するストーリーでしたよね。

ヒットするドラマってどれもこれも山あり谷あり。なぜでしょう？

主人公は美男美女で何の苦労もなし、登場人物はみんないい人ばかりで、何のトラブルもなく、何でも思い通りでうまくいくストーリーのドラマって、あんまり聞いたことがないと思いませんか?

もし、そういうストーリーのドラマがあったら、あなたは毎週そのドラマを欠かさず見ようと思いますか?

仮にあなたが女優なり俳優だったとして

A「何でも思い通りの脚本」
B「エッジの立ったキャラを持つ主人公が様々な荒波を乗り越えていく脚本」

をもらったとしたら、どっちの脚本の主役を選びますか?

たぶんね、何の問題も起こらず、何でも思い通りでうまくいくドラマは、視聴率が取れないんですよ。でもそれは、そんな人生なんて有り得ないし、感情移入できないからだけではないんですよね。

「そんなすべてが思い通りのドラマじゃあ、つまんない」って、どこか深いところで感じているのがわかりますか?

そうなんですよ。**何でも思い通りで、何の問題も起こらないドラマってなんか**

飽きちゃうし、次回がどうなるのか気にもならない。演じる方にとってもつまらないんですよ。

だからあなたは、あなたの人生において、視聴率の取れる方のストーリーを選んだ。

大ヒットドラマのストーリー並みに、次々といろいろなことが起こり、あなたはそれらの問題を乗り越えながら今日も生きている。

あなたは役に没入し過ぎて、わかっていないかもしれませんが、なかなかカッコいいんですよ。

そしてその脚本は、さらに面白いことに、自分の人生はトラブル続きだと思っていたが、それらすべてが長い夢であり、夢から覚めた主人公は、自分が神であったことを思い出すようにできているのです。

前半の夢の部分のバリエーションは無数にありますが、夢から覚めた時に気付くことにそんなに変わりはありません。

その意味では、あなたはまさに、「夢のような人生を歩んでいる」のです。本当に夢を見ていますから。

地球上の人間のすべてがだいたいこのストーリーで生きています。一回の人生で夢から覚めるんじゃ、あまりにつまらないので、何回目かで目が覚めるようにしたいと思っている人が圧倒的多数です。

何しろみんな貪欲（どんよく）で、いろんなことを体験してから目が覚めた方が盛り上がると思っているようですからね（笑）。

たぶんあなたもその一人で、今日この本を読んでいるということは、そろそろ目が覚める段階に来ているのでしょう。

つまり、あなたはそもそも救われているし、今「夢の中で」どんな荒波が押し寄せているように見えても、全くもって大丈夫だっていうことです。

あなたはちゃんと知っているんです。これが「夢のドラマ」であるということを。わかって演じている。

つまりあなたは、みんなが目が離せなくて大ヒットするドラマの主人公を、今まさにやっているんですよ！

半沢直樹どころじゃない！

目が覚めた後は、これは夢だとわかった上で、また夢を見ることもできます。

その時は、それまでとは全然違います。いろいろと好きな展開が選べますが、夢をもっと楽しめるようになる。

結局は大丈夫だと悟った上で、さらに人間を楽しめるようになってきます。

「これは全部夢だったんだ」って、目を閉じて、ちょっと心を鎮（しず）めて思ってみてください。

あれっ？　何なんだ？　この観察しているみたいな感じのもの。

このストーリーを見ている何かが在る……。

その見ている感じの「それ」。

名前を付けられない「それ」。

どう表現していいのかもわからない「それ」。

「それ」というのも何だか違う「それ」。

わかりましたか？　**それが「真実」であり「真我」といわれるものなんですよ**

（正直言って、この表現も何だかそぐわない感じがするのですが、便宜上そう表現しておきます）。

これは体験することなので、ぜひ体験してみてください。

そろそろ目が覚める段階に差し掛かっているあなたなら、きっとわかると思います。

第二章 本当の自分とは何か？

あなたは誰ですか？

「あなたは誰ですか？」

もしも、そう質問されたら、何と答えますか？　まず名前を言うかもしれませんね。

「うっかり八兵衛です」みたいに。

「あっ、でもこれは通称で、本名は山田八五郎です。出身は、山形です。うっかり者なので、みんなにそう呼ばれています」

「宅配便会社でセールスドライバーをやってます」

「家族は妻と子供が一人です」

「年齢は二十六歳です」

「将来は、宅配便で稼いだお金を元手に、小さい居酒屋をやるのが夢です」

自己紹介するとしたら、こんな感じかもしれませんね。

でもここで言ったことが、あなたそのものかというと、もちろんそうではない。

あなたは名前ではない。

出身地でもない。

あだ名でもない。

職業でもない。

家族構成でもない。

年齢でもない。

夢でもない。

あなたはそのどれともイコールではない。

それはあなたにまつわることであって、あなたそのものではない。あなたは決して そんなものじゃない。

じゃあ、一体何なのか？　誰なんだ？　何者なんだ？

だいたいあなたは名前が付く前から存在していたはず。本当はあなたって誰？

ここまででなんだか怖くなってきたとしたら、いい兆候です。

エゴ（自我）は、あなたを他者とは別個の何者かであるかのように思いたがります。

それを「アイデンティティ」とか言ったりもします。

パスポートとか、免許証とか、身分証明書によって、私はこういうものであると証明されたような気になってきたかもしれませんが、実は、それすらも何も表してはいない。

単にあなたにまつわるデータとあなたの写真を一緒にした紙に過ぎない。

どんな表書きも実は何も実体を表していないのだ、という真実に気付きはじめると「自分」というものが消えていくようで、怖くなるのです。

とても心許（こころもと）なく、頼りなく、不安になる。まるで自分が誰だったか完全に忘れてしまった記憶喪失の人みたいに……。

一方で、不思議と自由を感じる人もいるかもしれません。自分は名前でも、肩書でも、出身地でも、学歴でも、経歴でもない。賞罰でも、資格でも、職業でもない。もちろん、人がこういう人と言っている「こういう人」でもない。

生まれてからいろいろなことを経験し、人にいろんなことを言われ続けて、ずっと自分はこういう人間だと思ってきたが、それは全部後付けであって、本当の自分を何も表していない。

そうか、そうだったのか！　濡れ衣が晴れたみたいだ。何て自由なんだ。

もう一回訊きます。あなたは誰ですか？

名前でも職業でも、年収でも、もちろん持ち物でも表せない。不可解な、不可思議な、得体の知れない、茫漠（ぼうばく）とした「それ」。

「それ」はどうにも計り知れないほどに大きい。言葉も感覚も超えている。

そのことを、うっすら感じはじめていますか？　それとも混乱していますか？

どっちでもいい。どっちも真実に迫りつつある。そのまま質問し続けてみてください。

一体あなたは誰なのか………？

私とあなたはなぜいるのでしょう？

さて、三次元にはどうして、「あなた」と「私」が存在しているのでしょう。

真実の世界ではすべてが一つです。あなたも私もいません。

一つのモノが分離しているように見えても、本当は一つのままですから、この分離という幻想の中で、人は猛烈に一つに戻ろうとします。

その証拠に、子供はお母さんにまとわりつき、だんだん大きくなると友達を作ろうとするし、誰かに恋もします。

いつも誰かを求め、その誰かと一緒の時間を過ごそうとするし、悲しみも喜びも分かち合うことを望みます。

「一つに戻りたい」

この強烈な引力には抗（あらが）いようがないのです。

だから、わかり合いたいと思うのも、助け合いたいと思うのも、愛し合いたい

と思うのも、至極自然なことなのです。

人は「一つ」がどんなに満ち足りたものなのか、体験するために生まれてきたようなものですからね。

もちろん、誰かがいないと「あなた」という存在が完成しないわけではありません。

三次元上で、誰かがいてもいなくても、真実の世界では、あなたはすでに完全だし、誰もあなたから離れようがないというのが真実ですから。

そして、その真実を生きていれば、求めなくても魂が響き合う人と出会い、付き合うようになります。

つまり、三次元上でも「一つ」が顕現していくのです。

そうなったらそうなったで、とてもハッピーなことなんですが、人間は好奇心旺盛ですから、三次元に来た以上、いろんなことを体験したいと思っているんですね。

だから、何でもすんなりうまくいってしまったら面白くないと思っているところがある。すったもんだしたり、山あり谷ありだったり、波瀾万丈（はらんばんじょう）だったりしてみたいんでしょうね（笑）。

本人は無意識にやっているようですが、「そんなに簡単に悟ったら面白くないよ」と思っている魂もけっこういるように思います。

だからわかり合いたいと思っても、歩み寄れないこともあるし、助け合いたいと思っても、対立してしまうこともあるし、愛し合いたいと思っても、すれ違ってしまうこともある。

だからいいんです。それもそれで体験したいから体験しているだけです。あなたがいけない人間だからでもないし、つまらない人間だからでもないし、魅力のない人間だからでもありません。

究極的には一つなわけですから、結局いつかわかり合い、助け合い、愛し合う歓びも味わうことになります。

あなたと私というものが存在しているのは、わかり合えないことも、わかり合うことも、助け合えないことも、助け合うことも、愛し合えないことも、愛し合

うことも、両方体験するためです。

あなたがいてくれてよかった……。そして、私もいてよかった。

腑に落ちるとは？

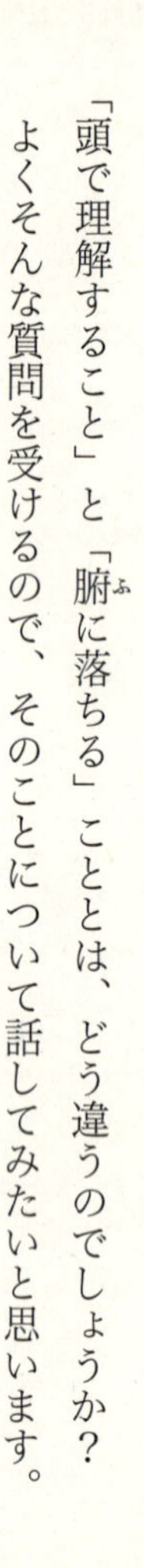

「頭で理解すること」と「腑に落ちる」こととは、どう違うのでしょうか？

よくそんな質問を受けるので、そのことについて話してみたいと思います。

「腑に落ちる」とは、エゴによるコントロールをやめ、あるがままに受け容れることであり、降参することに近いです。

その意味では、腑に落とそうとすること自体が、ある意味エゴのコントロールなんですよね。だから、それすらもやめてみる。

代わりに全身の力を抜いて、ふ～っと深く息を吐いてみる。

そして一切逆らわないで、そのまま、まるのまんま「そうなんだなぁ～」ってただ受け容れてみればいいのだと思います。

そんな身構えない状態になってくると、何かがおなかに深く入ってくる感じになり、平和な気持ちになってきます。これが腑に落ちるという感覚です。

ということは、逆らうのをやめて受け容れれば腑に落ちるということですね。

コントロールしようとする力を全部抜いてみればいいとも言えるでしょう。


では具体的な例でお話ししてみましょう。

たとえば、誰かに「お前はなんの取り柄もないな」と馬鹿にされ、どうしようもないほど怒りが込み上げてきたとします。

その怒りが尋常ではない。何かに反応して込み上げてくる。

「なんでこんなにも反応するのか?」

心の傷に触れられた時に感じる、電気が走るような痛みを感じる。

「この痛みは何なんだ?」

自分に問うていくと、「本当は大学に進学したかったのに、経済的に行くことができず、高卒という学歴にコンプレックスを感じていること」や「今の会社では高卒なので総合職には就けず、頑張っても一般職止まりであること」、それから「見た目がカッコよくなくて自信が持てないこと」も嫌だ、と思っていることなどが上がってきた。

そうか。自分が自分のことをダメ人間だって思っているから、そのことを認めたくなくて、あんなに反応したんだな、ということは「頭では」理解できた。

さあ、ここからです。

・高卒ではいけないと思っている
・今の会社では出世できない
・自分の見た目をカッコ悪いと思っている
⇓だから自分なんてダメな人間なんだと思っている

これは事実ですよね。

いいですか、自分はカッコ悪いということを認めなさいということではないんですよ。本当にカッコ悪いかどうかはわかりませんが、**少なくとも「自分がそう思ってきた」ということが事実だ**という話です。

「そう思ってきた」ってことを、力を抜いてただ受け容れてみてください。

「ず～っとそう思ってきたんだなあ」って受け容れてみるのです。

それが腑に落ちる感じです。すると、何だか自分のことを「ダメだ、ダメだ」って思っていたのに、「自分はよくやってきたなぁ」と思えてくる。

そういう自分に愛を感じる。一生懸命生きてきたじゃないか。そういう自分がとても愛(いと)おしい。

高卒だろうと、一般職だろうと、モデル並みの美形じゃなかろうと、その自分をそのまま受け容れよう。

そんな自分じゃダメだと思うことが、自分を苦しませ、ダメにしてきた。

高卒だから、一般職だからダメなんじゃない。

それはただそれだけのことだ。

そのことを心から受け容れた。

そのままの自分にケチをつけないで、丸ごと受け容れた。

深く深く腑に落ちて、力も抜けた。

次の日、起きると何だかとても心が軽やかです。今までなんであんなふうに思ってきたのかな。「自分はこの自分だからいいのさ」っていう気持ちになってきた。

顔付きが変わって、足取りが軽くなって、颯爽と歩いて駅まで行った。

そうなんです。ありのままの自分を受け容れていいのだと深く腑に落ちると、人は堕落するどころか、むしろ輝き出す。

その人にしか出せない魅力があふれ出るようになるのです。本当に腑に落ちたら、大きな変容がもたらされるのです。

名乗っちゃえ！

ラジオを聞いていたら、面白い話を耳にしました。

その番組には、あるミュージシャンがゲストに来ていました。その人はもともとミュージシャンではなく、プロボクサーを目指していたそうです。一時は日本で第二位にまでなったのに、怪我のため引退を余儀（よぎ）なくされました。

「しょうがない。普通に就職でもするか……」と思っていたところ、お母さんに「人生あきらめていいの？　本当に自分のしたいことしたら？」と言われたそうです。

確かにそうだよなと思ったその人は、前から行ってみたかったカナダの大学に留学しました。そしてしばらく、自分の情熱を傾けられることが何なのかわからないまま、毎日遊んでばかりいたそうです。

そんな時あるクラブに行ったら、何千人もの人たちを熱狂させているＤＪがいました。それを見たとたん魂が震え、「これだ！」と思ったそうです。

「自分は音楽の世界で生きていくぞ！」とその時決めました。

ここまではよくある話かもしれません。でもここから先が面白いんです。

彼はまだミュージシャンとして仕事をしていないにも拘わらず、「自分はミュージシャンだ！」と名乗ったそうです。

彼曰く、

「『音楽やりたいと思ってるんですよね』って自分の希望を言うと『そうか、頑張ってね』で終わるけど、『音楽をやっています』ってミュージシャンを名乗っちゃうと、『そうか、それじゃちょっと演奏してみて』とか『今度イベントに出てみる？』とか話が広がっていくんですよね。それで気付いたらプロのミュージシャンとしてデビューしていました」

……とのこと。

自分が今、その仕事でお金を稼いでいなくても、「私はそれなんだ！」と、自ら名乗ってしまうと、その覚悟が道を開き、チャンスを受け取りやすくなるんですね。

よく名刺に、肩書を書いてしまうと本当にそうなると言いますが、それと同じかもしれません。

自分に条件をたくさん突き付けていたあなた。この際、自分にそんな肩書を許可してみませんか。ちょっと勇気が要りますが、その勇気が幸せの後押しをしてくれますよ。

内に秘めた情熱というものも確かにあるんでしょうけれど、それってどこかで自分が幸せになることを許可していないか、そんな価値なんてないと思っている状態なのかもしれません。

外に向かって肩書を表現するということは、そうなることを自分に許可したと宣言したようなものかもしれません。

そうなると宇宙はその願望に沿ってチャンスや出会いを与えますし、言った本人も覚悟が固まってきて、その方向に自然と進んでいけます。

内に秘めている時は幸せのエンジンが旧式だったのが、口に出したとたん、最新式の燃費がいいエンジンに変わったようなもの。

「私なんて」って遠慮することを謙遜という人もいますが、本当はそうじゃない。

自分が尊い神の分身であるにも拘わらず、そのことを無視しているんだから、謙遜ではなく、自分に対して失礼なんです。

堂々といきましょう。何も恥じることなんてない。

「何となく」は意外と正しい！

みなさんは決断に迷う時ってありますか？　私にもそういうことがありました。

大学四年の時に、東京都と青森県の教員採用試験を受けて、ありがたいことに両方合格したのですが、さてどちらに赴任（ふにん）するか……相当迷いました。

東京には自由もあるし、いろんな情報にもアクセスできるし、便利さからいったら、圧勝なのですが、生まれ故郷の青森も家族がいるので生活が楽だったり、採用されれば高校の同級生とも一緒になれるという安心感もあったりして、どっちにしたらいいのか、決めかねていました。

それで試しに、自分の中で「これは大事」と思うポイントを全部箇条書（かじょうが）きにして、各項目を東京と青森で10点満点で採点し、最終的に点数の高い方に赴任することにしました。

項目を書き出したら１００個くらいあったんですよ。なんか笑っちゃいますけどね。

その結果、なんと僅差で青森が勝ち、故郷に戻って小学校の教師をすることにしました。

ところがところが……その教師もたった一年で辞めて、コピーライターになるために、結局また上京することになったのです。

あんなに迷って、自分としては厳正なる審査で決めたはずだったのに、やっぱり東京で自分の力を試してみたくなったのです。

今から思えばそれで正解だったのですが、あの時は「そんなに世の中甘くないぞ」とさんざん言われました。仕事のあてもなく、ただ単にコピーライターの学校に通うということだけしか決まっていませんでしたからね。

一生安泰の小学校教師を捨てて、なんでまたそんな無謀なことをするのか……。冷静に頭で考えれば普通はそういう選択はしないでしょう。

でも、いくら条件が揃っていても、項目別に採点して総合得点で勝っても、そんなものでワクワクするような幸せは実感できませんでした。

そんなことよりも、一行のコピーで、世の中を動かすくらいの感動を与えることの方がずっと面白そうに思えました。何の保証がなくても、そんなことはどうでもいいくらいやってみたかったのです。

結局、自分のやむにやまれぬ気持ちに従った方が、条件で選んだ道よりもずっと人生が面白かったし、幸せにもなれました。

あなたの本当の答えは、頭以外のところにあると思います。たぶん魂はちゃんと知っているんですが、なかなか直接的に魂につながることができないという方もいらっしゃるでしょう。

もしそうだとしたら、あなたの論理を超えた感覚を信頼してみてください。

「なんだかわからないけど、何となくそう思う」――それでいいんです。

頭で考えれば考えるほど、本当の答えから遠ざかります。

人生の喜びは、条件や道理を超えたところにあります。私はそのことを実体験しました。

「おそば」と「パスタ」、どっちにしようかな？　カロリーが低くて体にいいのはそばだから、そばにする人生もそれはそれでいいです。

でも要は、「どっちが食べたいか」でシンプルに決めたっていいじゃないですか！

実はカロリーではなく、食べたいという自分の体のサインに従った方が健康になれるという見方もあります。

あなたという魂は、どう考えても論理を超えています。科学などでは到底解明しきれない、無限の叡智（えいち）であり神秘の結晶です。

私は論理を超えた突拍子もない私のこの魂に、これからも付いていって、どれだけ面白い人生になるのか、ぜひ体験してみたいと思っています。

見た目は見た目で決まらない？

さてここではちょっと、見た目について、お話ししたいと思います。

見た目って、容姿のことですかって？　そうです、見た感じの印象の話です。

「容姿端麗（ようしたんれい）」という言葉がありますが、確かに美しい目鼻立ち、抜群のプロポーションってあります。そりゃあどうにも太刀打ちできないってくらいの美しい方はいらっしゃいます。男女ともに。

ところで、あなたの周りには、よ〜く見ると、けっこう美しい顔立ちなのに、あまりそういう評価を受けていない方っていらっしゃいませんか。

それとは逆に、よ〜く見ると、必ずしもバランスのいい顔立ちじゃないのに、きれいだとか、素敵だとか言われている方もいらっしゃると思います。

それどころか、美人やイケメンの部類に入っていないのに、とっても魅力的で、けっこうモテる人もいるでしょう。なぜなんでしょうかねぇ。

話が面白いから？

マメだから？

駆け引きが上手だから？

センスがいいから？

そうです。それらも確かに関係あるとは思います。

でもそれだけじゃな〜い！ **それは自分を「イケてる」と思っているからです。**

多少目鼻立ちがよくなくても、ちょっとぽってりしていても、自分自身が、これが自分なんだと、カッコ悪いところも含めてすべて受け容れていれば、波動が"I'm OK!"になり、魅力的であるという波動が人には伝わるんですね。

どんなに「俺って、カッコいいんだよね」と口で言っていても、心で丸ごと自分を受け容れていないと、本当のその人の魅力は伝わりません。

つまり人は、必ずしも目だけで判断しているわけではないということ。どちらかというと波動の方が強く伝わっているんですね。

「どうしたら波動がわかるようになるのでしょうか？」とお尋ねの方もいらっし

ゃいますが、もうすでに、というかずっと前から、というか生まれた時から、あなたはずっと目に見えない「波動」というのを感知してきているのです。

「なんだか今日あの人機嫌悪そうだな」「なんかあの人ウソついてる感じがするなぁ」とか、そうそう、その「感じ」というのが波動であり、ちゃんとキャッチしてきましたよね。

もちろん見た目が全然関係ないわけではありませんよ。美しいものはやっぱり美しい。でもいくら美人でも、自分が自分のことを嫌いだと、その輝きは半減してしまいます。

だから自分が自分をどう思っているのかって、本当に重要なんです。


だからみなさん、いろいろカッコ悪いところがあっても、そのことも含めて、自分はユニークで素敵な存在なんだと認めましょう。


この世に素敵じゃない人なんて一人もいませんよ。

SMAPの『世界に一つだけの花』って、真実を歌ったものだから、誰の心にも響き、大ヒットになったんです。

誰もが魅力的な“ONLY ONE”なんです。

今日も一生懸命生きている、ちょっと健気な自分を心から受け容れ、愛しましょう。そうすれば、あなたは魅力的な人として輝きを放ちます。

「泣きなさい、笑いなさい」の真実

さて、今回は涙のお話。何か悲しいことでもあったのですかって？　違いま～す！「涙の威力」のお話です。泣き落としの話じゃなくてね。

私のところへセッションに来られるお客様の中に、リーディングしている内容を聞いているだけで、「なんだかわかりませんが、勝手に涙が出てきて止まらなくなります」と言ってどんどん涙があふれてしまう方が時々いらっしゃいます。

この勝手に流れてしまう涙って、どこから来ていると思いますか？

これは、あなたが抑圧してきた感情なのです。それが涙になって外に出てきているんです。

小さい頃に、「我慢しなさい」とたくさん言われてきた人。

「男なんだから泣くんじゃない」「男が泣くなんてみっともないぞ」と言われてきた男性。

人前で泣いたら「弱虫」とか「泣き虫」と言われてバカにされた人。なんだか「泣く」ということはよくないこと、のように教え込まれていることってありますよね。

私も病院で注射を打たれる時に、泣かずに我慢したら「偉い」と言われ、それ以来、平気な顔でいることは立派なことだと思い込むようになりました。それはそれで役に立つこともありますけどね。なんかちょっと不自然。

それともう一つ。余りにもショックな時は、涙も出ないという場合もありますよね。

私の友人で、奥様と大恋愛の末、結婚した男性がいました。ですが、この奥様は若くしてガンになり、あっという間に亡くなってしまいました。亡くなられたと聞いてすぐに、お悔やみを言おうと電話したら、その友人は、ものすごく無表情な声でボソッと「今葬式の準備してるから」と答えました。このように「何が起こっているのかリアルに感じたら壊れそう」になる時は、人って感じないように抑圧してしまいます。

ではそうやって感じないようにした感情や、抑圧している感情は、そのうち消えてなくなってしまうのでしょうか？

もちろんそうではありません。あなたの潜在意識の中に入り、そこでずっと解放されずに留まります。

それが、セッションで、深いレベルに抑え込まれていた悲しみにやっとアクセスできて、今まで我慢してきた分の涙がどわ～っと流れ出ることで、解放の扉が開くのです。

だからね、泣くのは浄化につながるんです。何も悪いことではありません。

もしもあなたが自分の感情を抑え続けてきた結果、なんだかわからないどんよりした状態になっているのなら、思いっきり泣くっていうのも解放につながります。

『フランダースの犬』の最終回が泣けるなら、それを見ながら思いっきり泣いてみてもいい。

別に悲しい涙に限りません。感動の涙っていうのでもいいですよ。男子フィギュア・羽生結弦選手の平昌五輪での二連覇のシーンを見て感動して泣いてもいい。おなかがよじれそうなくらい笑えるお笑い芸人のＤＶＤなんかを見て、笑い過ぎで涙を出すのもいいですよ。

なんでもいいです。抑えているものがあったら、涙と一緒に流して、浄化してしまいましょう。

思いっきり泣くと気持ちいいですよ。その後、頭が空っぽになります。

テレビを見ていてもすぐ感動して泣いちゃうとかいう人は敢えてやる必要はありませんが、自分はいつも我慢している、感情を表に出さないなぁという方は、やる価値がありますね。

悲しみや、喜びの感情をちゃんと感じることって大切なんです。

あなたは自分をどう思っているのか知らない

あなたは何が欲しいですか？

素敵なパートナー？

生活に困らないだけの十分なお金？

一生をかけられる仕事？

心を許せる友達？

……いろいろあるでしょうね。本当はね、あなたはそれらを受け取ることができるんです。それなのに、あなたの中のなんらかの思い込みが、それを拒んでいるだけなんですよ。

「いやいや、私はず〜っと前から、それを手に入れたいって思ってきた。そんなはずはない！」

そう思うかもしれませんね。でもね、思い込みはほとんど無意識レベルで作用しているから、なかなか気付かないんです。

気付いていないから、いつまで経っても同じことを繰り返す。そう言うと、「いやいや、とっくにそんなことには気付いてる。私が自分を価値がないって思っていることなんて、一〇年前から知ってるよ。それなのに、今も同じことを繰り返しているよ」って思うかもしれませんね。


この話はとても大事な話なので、よく聴いてください。

それは気付きとは言わない。頭で論理的に導き出した答えでしかない。

「自分がいつもフラれるのは、自分を魅力的じゃないって思っているからだ」っていうと、いかにも論理的で、つじつまが合っているような気がする。確かにそれはそうとも言えます。でも本物の気付きは、論理を超えている。

頭で論理的に考えて導き出すものではない。深く深くハートに問うことによって、突然「起こる」ものなんです。

大事なポイントなので、繰り返しますが、「起こす」ものじゃない。「起こる」ものです。

つまり、あなたにコントロールできるものじゃない。それにも拘わらず、ハートに深く問うていくというプロセスは、とても役に立つんです。

ますますわからなくなってきましたか？　だとしたら、素晴らしいです。もう頭では対応できないんだってことを、むしろわかりはじめたってことですから。

あなたはあなたのことを、本当はどう思っているのか？

そのことに気付いた時、もうあなたはその呪縛（じゅばく）から自由になっているという不思議な体験をするでしょう。

さて、次のページからは「自分に問うとはどういうことなのか」について、お話しますね。

私は私をどう思っているのか……

「私は私をどう思っているのか」深く自らに問うには、まず環境を整えることが第一歩です。


テレビもラジオも消す。

音楽も流さない。

ネットも携帯もオフにする。

そして、誰とも話さないで一人になれる環境を作る。

そんな環境を作ったら、たとえばこんなふうに訊いていきます。

「私は本当は十分なお金が欲しいって思ってきたのに、どうしてそれを受け取らなかったのかな？」

受け取「れ」なかったんじゃないんです。受け取る力はあったんだってことを受け容れてくださいね。

でも、思い込みが邪魔して、受け取「ら」なかっただけです。


そういう質問を投げかけられたら、なんだか急に親のことが浮かんできた。

父親が事業に失敗して、突然大きな借金を抱え、それから生活が苦しくなったことを思い出した。

だから「お金を稼ぐ」ってすごく難しいことだと思うようになったんだと感じた。

それと同時に、山っ気のある父親がどうにも許せなくなってきた。

「お父さんが、ああいう人じゃなかったら、自分はこんなにお金のことで苦労しなかったのに」

あれっ、ちょっと自分に問うことから逸れたなぁと思うかもしれませんね。

いいんです。気にしないでください。怒りが湧き上がったら、気が済むまで怒ってください。直接怒りをぶつける必要はありませんが、その怒りも、あなたの中に抑圧されていて、それがまた、あなたの気付きを妨げてきたのです。だから怒りも燃え上がらせ成仏させてしまいましょう。

人によっては、そこにものすごく時間がかかる場合もあります。それでもかまいません。そこは看過(みす)ごしてはいけないポイントなんです。全部成仏させないと次に進めないからいいんです。

気が済むまで悪口雑言(あっこうぞうごん)を心の中で言っていい。そのうち、それにも飽きてきます。そしたらまた元の質問に戻ります。

「私は本当は十分なお金が欲しいって思ってきたのに、どうしてそれを受け取らなかったのかな？」

「お父さんを見て、苦労しないと稼げないって思ってきたからかな？」

「苦労しないと稼げないって確かに思ってるなぁ。それで受け取らなかったんだろうか？」

「いや、そうじゃない。お金をたくさん稼ぐってことは、何か薄汚れたことをしないといけないように思ってるな。貧しい方が心がきれいだと思ってる気もする」

「苦労することを、どこか美しいことだって思ってる気もするな」

……それらしい答えが次々と出てくる。でもあなたにはわかるんです。そうじゃないって。それじゃないって。

それは何だか頭が出した血の通っていない答えに過ぎないって、ちゃんとわかる。

……すると今度は気が散ってくる。

おなかが空いたなあ、とか、そういえば郵便を出さないと、とか。

そしたら、ご飯も食べたらいいし、郵便も出してきたらいい。

そしてまた戻る。

それでもまた気が散ったりする。

別なことを考えはじめたりする。

そしたらまた戻る。

それを延々と繰り返す。


そのうちわけがわからなくなってきます。

疲れてくる。そりゃそうです。ず〜っと頭を使っていたからです。頭じゃ答えは出ないのに、頭で頑張ってたから疲れたんです。

そこまで来るとやっと頭がお手上げになる。

訊いても訊いても、頭は真っ白。

「一体何日、自分に訊いているんだろう？」

「全然わからないよ……」


………気付きはその先に突然やってくる。思いもよらずやってくる。

あなたがあなたを本当はどう思っていたのか……。

そうか！　そんなふうに思ってきたんだぁ。

なんだかやっと本当の自分に会えたような気がする。

すごく温かいものが込み上げてくる。

でもその瞬間、同時に気付いているんです。それは「思い込み」に過ぎないってことに。


自分に何か足りないものがあったわけではなく、ただ単に自分を誤解していたに過ぎないということが、理屈を超えて腑に落ちているんです。

それは、腑に落とそうとして落ちたのではなく、その状態に自然になっている。


さらに気付きが起こってくる。

本当の望みが何なのか、それも自然にわかってくる。

ここまで来ると、以前は執拗に手に入れたいと思っていたものが、実はそんなに手に入れる必要のないものだと気付いたりするんです。

私が本当に求めていたものは、そんなものじゃない。

私の魂が本当に望んでいるものは、これだった！　という衝撃が走ったりする。そのとたん、その願いは宇宙に通じている。あなたの本当に受け取りたかったものを遮るものはもうありませんから、それは自然に叶っていくんです。

これは私自身がインドで体験したことです。私もこういう仕事をしていますから、自分は深いところにある思い込みに気付いていると思っていました。でも違いました。それはやっぱり頭が出した答えだった。

これほど徹底的に、自分とだけ話す環境を作り、無制限に時間をかけたことがなかったのです。

真の気付きを体験した時、それまで私の気付きが、実に浅いものでしかなかったことを思い知らされました。

真の気付きは、人生を変容させる力があります。

同じような局面になっても、足元をすくわれず、正気に戻れるようになりました。自動制御装置ができたような不思議な感覚でした。

その威力に唖然としました。

とても貴重な体験をしたと思いました。それだけの時間をかける価値のあることなんだなと感じました。

日常的にそういう環境を作ることは、なかなか難しいかもしれません。どうしても時間が細切れになってしまったりするでしょう。

それでもいいんです。気長にやっていけばいい。

答えを出さなきゃいけないものだ、と思わないくらいでちょうどいい。

「すぐにすぐに！　早く早く！」は、まだ頭が優位な状態だからです。そこから自由になるのがこのプロセスなんです。

だから運を天に任せる気持ちで、ゆっくりじっくりやってみてください。

自信を付けることは難しくない ①

私は自分に自信が持てないんです、というご相談をよく受けます。

読んで字のごとく、「自信」とは自分を信じることですよね。だとしたら、自分に対して「自分なんてそんなに大したこともできない」とか「私が何かやったって、どうせうまくいかない」とか心の中で自分に言ってしまうと、それは自分を信頼していないことになり、自分で自分の自信を傷つけてしまいますよね。

なのでまず、自分を腐(くさ)すような言葉は言わないでくださいね。

それから、何か失敗をした時の自分の扱い方にも注意してください。

「もう、またやっちゃった！　ダメじゃないの。いつまで経っても、こんなことじゃあ」自分にそんなことを言ったりしていませんか？

なんかどこかで聞いたことがあるような……。あなたが親や先生に言われてきた言葉かもしれませんね。

小さい頃は、自分で稼ぐこともできなかったし、養われる必要もあったので、親にそういう言葉をたくさん言われても、受け容れるしかなかったかもしれませんよね。

でも、大人になったあなたは、「選べる存在」になりました。自分で自分をどう扱うかはあなたが自由に選べるんです。あなたはあなたを幸せにするための神聖な選択権を持っているのです。その選択権を行使してください。

何か失敗したら、そこから学べばいいだけで、自分を責めたり、腐したりする必要はないのです。

責めるということは「私はそういうことをする自分を自分であるとは認めません。受け容れません」ということです。このサイクルに入ると、ものすごく消耗します。

なんらかの受け容れがたい失敗をやらかした自分は、「お前なんか、私じゃない。出ていけ」と言われると、ますます意地になって仲間に入れてもらおうと抵抗します。

けれどもあなたがそんな自分をどうしても認めたくないとしたら、あなたも負けずに出ていけ攻撃を激化させることになります……。

その結果、そういう自分は抑圧されてしまいます。ぎゅーっと押し入れの奥の奥にしまわれて、出てこないようにされちゃうわけです。

すると今度は、ある日「こんなとこにいたんじゃ息もできないよ」と、もう一人の自分は脱走します。脱走してあなたの友達や家族に変装して現れるんです。

「あなたはこういうことをやらかす人間ですよね？　違いますか？」というようなことを、家族や友達に姿を変えて、あなたに指摘しだします。

「いいえ、私はそんな人間ではありません」

あなたはムキになり、そんな人とは縁を切ろうと思います。

するともう一人の自分は、新しい友達に変装してまたあなたの前に現れるんです。

「もしもし、あなたはやらかしちゃう人間ですよね？」

キャーっどうして？　どうしてまたまたこんなこと言われちゃうの？

嫌な人とは縁を切ったはずなのに、なぜ違うところに行っても同じようなことを言われちゃうの？　みんなひどい！　ひどいわぁ！　生きるって、なんて辛いことなんだろう。頭の中はグルグル巻き。パワーダウンしてやる気も起こらない。こうしてますます自信からほど遠くなってしまいます。あなたが「ダメな自分だ」と思って仲間外れにしている自分を受け容れるまで、このゲームはずっと続くのです。

バカバカしいでしょう？　**だから本当に自信を持ちたいとしたら、うまくいかないことをやった自分を受け容れることをまずやればいいんです。**

∴ 自信を付けることは難しくない ②

さて、ここでは引き続き、自信を付けるもう一つの方法についてお話ししましょう。

前述のものは、まず自分を信じる、という方法でした。

そのためには、「自分を腐すような言葉を自分に言わないこと」「もしもうまくいかないことがあっても、そこから学べばいいだけで、責めないこと」「自分の中に仲間外れを作らないこと」などをお話ししました。

そうやって、自分の内的なワンネス（すべてを受け容れる）状態を作ることはとても大事なことですが、実はもっとカンタンに自信を付ける方法があります。

ちょっと話は変わりますが、幼い頃、私の住む家の近くに遊園地がありました。

その中に「タコ」という乗り物がありました。タコ足のように八本の腕がセン

ターから伸びていて、その腕の先端に円形の、コーヒーカップのように座れる部分があって、係員さんがスイッチをオンにすると、タコ足よろしく、ぐるぐる回転しながら足を上下させるというスリリングなアトラクションです。

私は小さい頃、そんな恐ろしい乗り物に乗るのは嫌なので、「絶対乗らない」と主張していました。けれども、四つ上の姉はタコが大好きで、乗るといつも喜々として帰ってきて、「こんな面白いものはない」と言います。

本当にあんなものが面白いのだろうか……。もともと好奇心が旺盛だったこともあり、ある日、姉と一緒にタコに乗ることにしました。

乗ったとたんに、タコの足はグワングワン上下運動を開始！　しかもぐるぐる回転するので、目も回りそう。急降下する時なんてお尻がヒヤっとします。どうしよう、こんなもん乗るんじゃなかった。

「お母さん、降ろして、ギャ〜」ワンワン泣いて大変なことになりました。

しかし降ろしてくれと言ったからといって、降ろしてくれるものでもなし。散々な目に遭ってやっとのことで降りてきました。

タコは私が想像していた以上にすごいものでした。でもなぜか、あんなに怖いタコが、あのスリルが癖になり、次からは、乗せてとせがむようになりました。

「また泣いても知らないからね」と母に言われましたが、次からはキャーキャー歓声を上げながら乗るようになりました。

それを見ていた弟が、「僕も乗る」と言って乗りましたが、やはり「降ろして〜」と大変なことになりました。

しかし、やっぱり次から癖になり、乗るようになりました。

どこかで魅力を感じているけれど、怖くて飛び込めないことに、実際に挑戦してみると、意外とその楽しさや面白さが体験できることってけっこうあります。

そしてそのうち何が怖かったのか思い出せないほど、楽しめるようになってしまったりします。

挑戦できた人は、何もしなかった人よりも、ずっと人生を楽しみ、自分を信頼できるようになります。だって、挑戦できたんだから。

結果がどうであれ、そのプロセスの中に、大きな学びと成長があり、人間としてもスケールが大きくなります。

一度も告白をしたことのない人は、誰にも振られないけれど、意を決して告白して、大失恋した人の人生は豊かです。その思い出は人生の勲章です。その人は青春を思いっきり堪能（たんのう）したんですから。

だから自信を持つには、実は挑戦することが一番早いんです。

自分を信頼できなければ、挑戦なんてできません。挑戦したということは、自分を信じたということです。

そして失敗してもあきらめないで挑戦し続けられる人には、必ず大きな成功がやってきます。なぜかわかりますよね。

失敗して普通なら心が折れちゃいそうになるのに、それでも「自分は幸せになる価値がある、成功する価値がある」と信じ続けたわけだから、相当強い自己信頼（＝自信）が培（つちか）われたんです。

信じたことは信じた分だけ実現するのが宇宙の法則。

そこまで強く自分を信頼できたら、その分大成功するに決まっているんです。

あのバスケットボールの神と言われたマイケル・ジョーダンも言っています。
「私は何度も失敗したからこそ、成功したのだ」と。

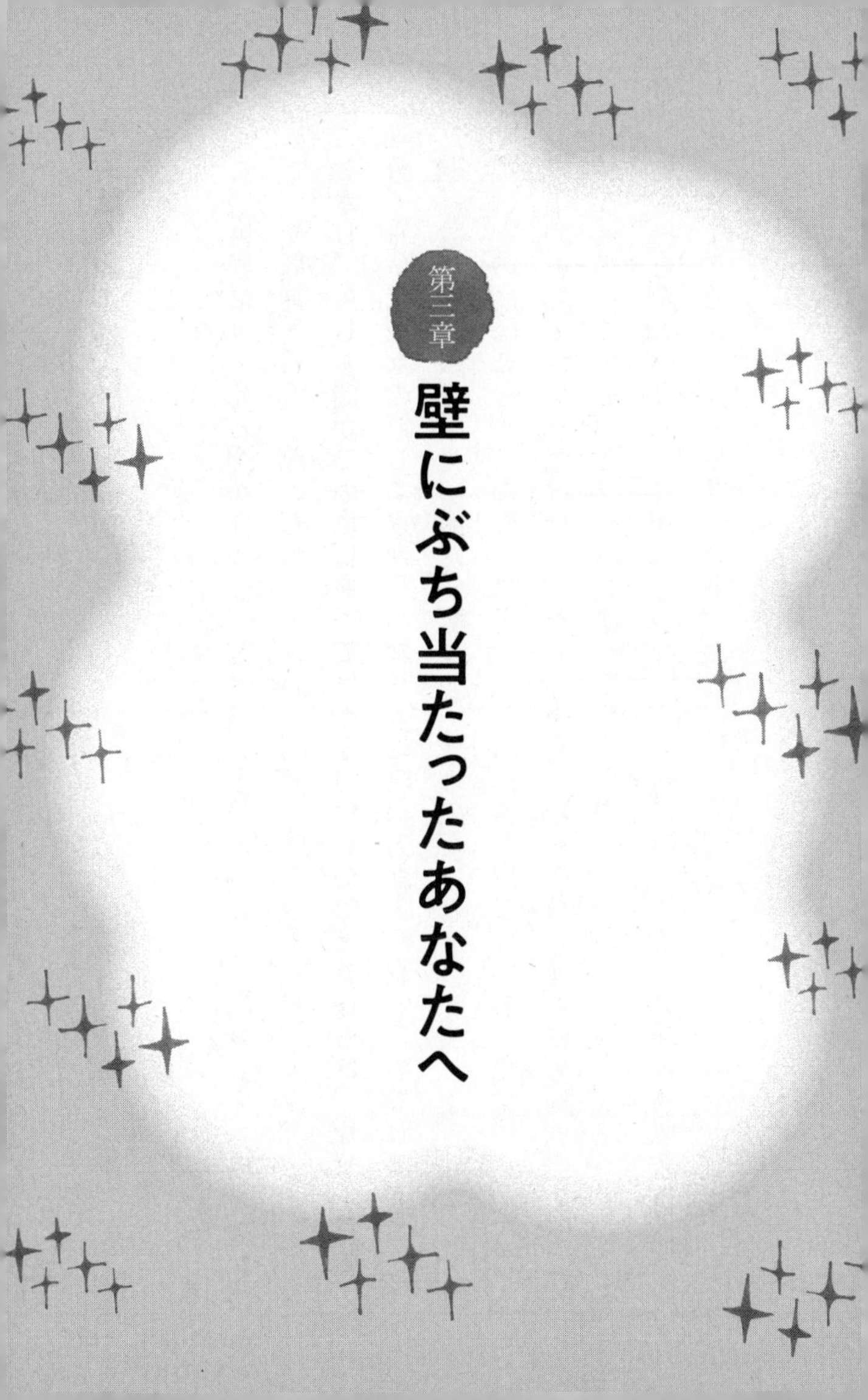

第三章

壁にぶち当たったあなたへ

✦人間関係① 敵はいない

この世界には、光と闇が存在し、闇はおどろおどろしく、禍々(まがまが)しく、危険なもので、光は神々(こうごう)しく、尊いもの。そういう認識の仕方もあるでしょう。

しかし、もしも闇がこの世にあってはならないものであるならば、なぜ一日の半分くらいは夜なのでしょうか？　なぜ人は暗い方がよく眠れるのでしょうか？

闇は危険なものだ。光の敵だ。駆逐(くちく)すべきものだ。

実はその認識こそが、あなたにとっての敵を作り出しているのです。

真実の世界ではすべては一つであり、不必要なものなどどこにもない。すべてが在るべくして在る。ただそれだけのことです。

そもそも敵もいないし、味方もいない。すべては一つで、分離させて敵対させることなどできないのが真実です。

でも人は、敵を作りたがります。なぜなら、自分を見たくないからです。実はあなたが敵と見なしているものと同じものがあなたの中にもあるのです。

それが自分にあることを受け容れられないので、それを相手の中に見て、相手を批判したり、敵対したりすることで、自分はそんな人間ではないと思おうとしているだけです。

でもちょっと待ってください。もしそうなら、その「敵」はあなたの中で仲間外れになっている自分自身を見せてくれているとも言えます。

それが何なのかをわざわざ体現してくれている。あなたのためにそんなことをしてくれるなんて、『泣いた赤鬼』の青鬼みたいです。そんな魂があなたの敵であるはずがありません。だから敵なんていない。

あなたを脅かすものなんて、実はあなたの誤った認識以外にないのです。危険だと思うから、危険な目に遭い、敵だと思うから、攻撃される。

本質を見るとは、そういう表面上のことを超えた奥に在る真実を見るということです。

あなたが敵だと思ったら敵になるように、本当は愛なのだと気付けば、それは愛という真実の姿を顕わにするだけの話です。

あなたの認識が、あなたの世界を作っているに過ぎません。

「敵がいない」というのは、何も、八方美人であることや、ことなかれ主義であることを意味していません。そもそもいないものを在ると思うことをやめるだけで、敵という幻想が消えるということです。

わざわざ敵という幻想を作り出して、敵対してみたいなら、それもよし。

やりたい人はその世界を生きるのも一興でしょう。

それも人間をやる特権みたいなものかもしれません。しかしそれでも敵はいない。誰も脅かしはしない。

その真実だけは、決して変わりません。

✦人間関係② 憎しみという教師

ある時、「嫌い」と「憎い」は全然違うのだと気付きました。

憎んでいる人のことを嫌いになることはあるかもしれませんが、嫌いだからといって、憎むかと言われれば、そうでもないような気がするのです。

「嫌い」は単純に波長が合わなかったり、苦手だったりするだけのこともありますが、「憎い」はそれとはまた別次元のところから来ている感じがします。

憎しみは、信頼していたのに裏切られた時や、こっちが望んだように愛してくれない時に起こる感情のような気がします。

だから子供は、お母さんが自分を相手にしてくれない時や、思ったように反応してくれない時、嫌いになるというよりは憎しみを持ち、わざとお母さんを怒らせることをしたりします。

つまり憎しみは、「愛してほしいというエゴ」からやってくる。でもでも、も

っと〜っとさかのぼって、その憎しみをよ〜く見てみてください。

最初の最初はどうだったでしょう。最初の最初から「愛してほしい」の一点張りだったでしょうか？

たぶんそれは違う。最初の最初は、愛や信頼だったはず……。最初の最初が愛や信頼だったからこそ、憎しみというものが生じたのです。

だから憎いなら、その根底には愛が在るのです。その愛は、相手が信頼を裏切ろうが、愛してくれなかろうが、実は何も変わらないし、消えもしない。

憎しみって面白い感情なんですよね。愛の真逆のようでいて、実は純粋な愛を孕（はら）んでいる。でもその愛の発見は、「私は憎んでいる」という事実をちゃんと受け止めることからはじまります。

「憎むなんていう低レベルなことはしておりません」というウソは通用しないんです。

「ああ憎い、とんでもなく憎い」という憎しみをしっかり味わって、さらにその憎しみから逃げないで、それが一体どこからやってくるのかを注意深く観察した先に、見えてきます。

そして、いかに正当化しようとも、結局は自らの期待や執着に端を発していることを心から認めた時にはじめて、不思議とそこに愛があるのを発見するのです。

もしもあなたがその真実の愛を、そこで発見できたなら、きっと深く満たされます。

真実の愛は、何も求めてはいない。それがそこにそうして在るだけで、もう何も要らないのだとわかるからです。

あなたに今、憎しみを感じる人がいるなら、その奥を見ることもできるかもしれませんよ。憎しみはいろんなことを教えてくれる、とても素晴らしい教師です。

人間関係③ あなたを嫌いな人もいていい

あなたは、自分の本当の気持ちを人に話せますか？

人は、この人に嫌われたくないと思うと、相手が求めている答えを言おうとしたり、自分の正直な気持ちを言えなくなったりします。

でもそれをやってしまうと、残念ながら相手との心の距離はますます離れていってしまいます。だって相手には「どこかあなたがよそよそしい」ってわかってしまいますから。いくら会話しても、心が通じ合える感じはしません。何となく拒絶されているような、つれない感じがしてきます。

あなたが自分に正直に話したり、行動したりすることで、あなたを嫌いだという人も現れるかもしれません。

ちょっと誤解される可能性があるので念のために言っておきますが、卑劣な行動や自分の都合ばかり押し通す行動を取ることを「自分に正直」と言っているのではありませんよ。それは単なる身勝手です。そうではなく、「私はこう思う」という正直な意見や気持ちを伝えたり、それに従って行動すると、あなたとは合わない人も出てきて当然だという話です。

あなたと心から通じ合える人と出会いたいと思うなら、嫌われないようにしようだなんて思わない方がいい。

カッコつけたり取り繕ったりせず、ありのままの自分でいた方がずっといい。

テレビに出ているタレントさんで、引っ張りだこの人を思い浮かべてください。マツコ・デラックスさんしかり、テリー伊藤さんしかり、有吉弘行さんしかり……。

みんな歯に衣着せず、「私はこう思う」と正面切って言って、面白がられていますよね。個性のエッジが立っていて、それが魅力的で、人を引き付けてしまうのです。

もちろんあいつは嫌いだという人もいるでしょう。それでもなんのその、今日もありのままの自分で勝負している。

何もわざわざ常に歯に衣着せず攻撃的になれ、という話ではないんですよ。人に合わせて、人の顔色ばかり見ていても、あなたの魅力が輝かないということです。

相手に嫌われないようにと思っている時は、どこかベクトルが自分の方に向いている。自分を守ることに意識が向いていて、本当に相手のことを思っているわけではないんです。

こんな自分が、ありのままで決して人から受け容れられるわけがないとお思いですか？　とんでもありません。あなたはあなただからこそ魅力的なんです。そんなあなただからこそ、素敵なんです。

好かれようが、嫌われようが、そんなことはどうでもいい。思いたいように思っていただきましょう。そんなことをいくら考えてもどうしようもない。

そんなことよりも、あなたがあなたでいれば、それでいいんです。

自分の壁①厳しい状況を引き寄せたのは、あなたがそれだけ覚醒した証拠

今、大きな試練に立ち向かっている方もいらっしゃるかもしれませんね。

実は「どうして今まで幸せだったのに、急にこんなことになるんだろうか」と思うようなことが起こっている時は、あなたが越えるべき山の前まで来たということです。

山は遠くから見ている時には、どれだけの高さなのかリアルにはわかりません。麓（ふもと）まで来て、頂上を見上げられる地点に来た時にはじめて、山の高さを感じることができるのです。

人生の山を越えられるだけの覚醒度に至っていない人は、遠くから見ているだけですが、越えるだけの覚醒をしている人は、麓まで来ることができるのです。

そして麓まで来たからこそ、山がすごく高くて険しいことが、はじめてわかるのです。

「あぁどうしよう。大丈夫だろうか。この山を果たして越えられるのか」、そんなふうに山の高さに圧倒されそうになっているということは、**あなたに力がないということではなく、あなたに力が備わったという証拠です。**


みなさんも登山をしたことがあると思います。どうやって登りますか？

たぶん、覚悟を決めて、一歩を踏み出すところからはじめるはずです。

そして一歩踏み出したら、次の一歩を踏み出す……その繰り返しではないでしょうか。三千メートル級の山だって、エベレストだって、結局は一歩一歩の繰り返しです。

そして途中で疲れたら休むでしょうし、難所に来たら慎重にゆっくり進むはずです。

人生の山もそれと同じです。

まずは目の前の一歩のことだけを考えればいい。きついなぁと思う時は休めばいい。とっても難しい問題に直面した時は、よ〜く内観してから選択すればいい。そうやって、ふと登ってきた道を振り返れば、けっこう高いところまで来たなぁと驚きます。一歩一歩進むうちに、ここまで来ていたんだと感動するでしょう。やがて頂上がやってきます。高い山や、難所の多い山ほど、登頂した時の達成感は大きいでしょう。そしてそこまで頑張ってこられた自分を本当に誇らしいと思えます。これこそが真の自己信頼になります。

解放の手法や知識の問題ではない。実際に登ってきたかどうかの問題です。行動こそが最大の自己信頼を生みます。

あなたはとても覚醒しています。難しい課題もクリアし、真の自己信頼を得られるだけの力が備わりました。

「さぁ、ここを越えてさらに大きな幸せを受け取りなさい。あなただったらできます」と神様が言っています。

自分の壁② 堂々と悩め！

私に個人的にメールをくださる方の中に「仕事や、人間関係に関して、嫌なことをこれ以上我慢できない」とおっしゃる方がたくさんいらっしゃいます。

以前ならなんとかだましだましやれたのに、もはや、自分にウソがつけない。

でも本当にやりたいように生きて大丈夫なのか。

まともに暮らしていけるのか。

収入がちゃんと入ってくるのか。

みんなから見放されないか。

などという不安から一歩踏み出せずにいるようです。

余計なことを考えずに、自分の魂に従えばいいだけのことなのですが……それができないから悩んでいるんですよね。

そういう場合は、とことん悩んでください。ほとほと嫌になるまで悩んでくだ

さい。

あなたの人生の変容のタイミングはあなたにしか決められない。外野がとやかく言うことではない。自分が納得しない限り、別な人生なんて選べないんですよ、所詮(しょせん)。だから徹底的に悩む。

悩んだら結論が出るかというと……どう思われますか?

人によっては結論が出るかもしれませんね。でもたぶん結論なんて出ない。ただ、悩んでいることが嫌になるだけです。

でも、それが大事なことなんですよ。そこで観念できる。もういい、わかった、もうこっちにする! みたいに、そこで最終的にどちらかに進むことになるでしょう。

進めばそこに新しい展開がある。違うことをしてみれば、自分が本当はどう生きたかったのか、はっきりしてきます。

だからね、悩んで悩んで寝られないいくらい悩むプロセスも大事なんです。

私自身はもうそういうのは飽きちゃったので、とっとと決めてさっさとやる方向にありますが、みんながそうしなければいけないとは思いません。

悩むことにも効用はある。宇宙はものすごい勢いで、あなたの本当の力を顕在化する方向にエネルギーを注いでくれています。

だからたくさんの人が「もう、やりたくないことを無理にするのは我慢ならない」状態になっているのです。

それは辛抱が足りないのではなく、あなたの魂が自由になりたいという聖なる叫びを上げているだけのこと。

それは、とても正常で、とても祝福すべきことで、とても素晴らしいこと。

だから何も恐れないでください。そして悩みたければ、どこまでも悩んでください。とことん悩んで、踏ん切りがついた時が、あなたにとってのベストタイミングです。

他の人はどんどん行動できるのに、なぜ自分はなかなか進まないのだろう、などと心配しなくていい。

あなたはより大きく羽ばたくために、それに見合ったエネルギーを溜めているだけです。

堂々と悩め！　悩んじゃえ！　それはそれで素晴らしいプロセスです。

自分の壁③ 不安というお化け退治の方法

自分の人生に新しい展開がある時、たとえそれがやりたかったことだとしても、誰しも不安になることってあると思います。

ここからはその不安にとらわれない方法について、お話ししようと思います。

まず不安とは何なのか考えてみましょう。

「不安」とは多くの場合、まだ起こっていないことの中で、起こる可能性のある危機的状況を事前に予測して、それに対応できる術（すべ）がないのではないか、と思う恐れの気持ちです。

生活が苦しくなるんじゃないか。

みんなから見捨てられるんじゃないか。

一人ぼっちになるんじゃないか。

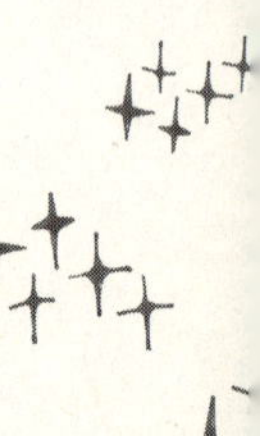

失敗するんじゃないか。

お客さんなんて、来ないんじゃないか。

何のアイディアも浮かばないんじゃないか。

……ちょっとちょっと、待ってくださいよ。まだ何もそんなこと起こってないでしょ。

だからまず、「こんなことはまだ起こっていない幻想なんだ」と認識することが第一歩です。そうは言っても、なかなかそう思えないという方もいらっしゃると思うので、もうちょっと詳しく見ていきましょう。

あなたが不安になる大きな要因は、ちゃんと不安を手に取って見ていないことにあります。

不安というお化けは、よくできていて、できるだけ姿をはっきり見られないように、働きかけるんです。

直径二センチの球でも、光源の近くに置いて、ずーっと向こうの壁に映し出すと、その影は直径一メートルくらいに見えたりするでしょ。でもそれって幻影ですよね。それと同じなんです。

ヤツは実物以上に大きな幻影を見せて、「へっへっへ～怖いだろう。食べちゃうぞぅ」と脅かしているだけです。ところがちゃんと目の前に引っ張り出されると、意外に小っちゃくてかわいいもんなんです。

「なんだ、お化けかと思ってたら、お前二センチの小っちゃい球じゃん。転がして遊んじゃうぞ！」っていう程度のもの、不安なんてそんなもんなんですって。


たとえば、せっかくやりたいことをはじめても生活が苦しくなるのでは……と思うなら、最低いくらあれば生きていけるのか、計算してみる。すると意外に大して稼がなくてもやっていけることがわかります。

やりたくないことをやっていくらお金を稼いでも、毎日辛い時間だけが過ぎていくだけ。お金を稼いだところで虚しいし、その辛い気持ちを紛らわすために、無駄にお金がかかったりします。

だから当初の収入としては減るかもしれませんが「好きなことをやれるという充実感」と「ゆったりできる時間」という、お金には換算できない大きな幸せがそこにはあることにも気付いてください。

もしも、その最低限のお金をすぐに稼げなくても、やろうと思えばいくらでもバイトはあるし、あなたのように前向きで、明るい人なら、「雇いたい」と言ってくれるところはいくらでもあるでしょう。

人は実際に会ってみて魅かれる人を採用したいものです。明るくてにこにこしている人と、みんな一緒に仕事したいのです。

あなたが軽やかな気持ちで面接に行けば、けっこう勝率は高いでしょう。

みんなに見捨てられるんじゃないかと不安なら、あなたのように、やりたいことに向かって挑戦している人に自分から声をかけてください。もしそういう人がいなければ、あなたと波長が合いそうな人に、自分から声をかければいいんです。お茶をする約束をしてもいいし、メールをしてもいい。電話してもいい、アプローチ方法は無数にあります。やればいいだけ。あまり感触がよくなかったら、次の人を探せばいいのです。

自分にはそんな人は誰もいないよ〜、と思うなら、大天使ミカエルでも聖母マリアでも、好きな光の存在に「私を励ましてください」とお願いしてください。必ずサポートしてくれます。

声も姿も見えなくても、彼らは人をサポートすることが喜びですから、必ず何らかのサインをくれるでしょう。あなたは一人なんかじゃありませんよ、と。

失敗するんじゃないかと思うなら、逆にうまくいくんじゃないかという可能性を全部挙げる。自分が考えていることがいかに人の役に立ち、喜んでもらえることなのか。感動のあまり涙が出るほどにそのことを思う。

自分は何のためにこの新しいことをはじめたいのか、趣意書（しゅいしょ）のようなものをしっかり書く。

たとえばパン屋さんになりたいなら「私はいい素材だけを厳選し、天然酵母を使った美味しいパンを作ります。一人暮らしをして寂しい思いをしている人も、そのパンを食べたらたちまち心がホカホカになってしまうくらい、愛を込めて作ります。お店に来られるお客様には、私がパンを通じて愛を手渡しているんだと思って応対します。私のパンを食べた人はみんな幸せになります。私はそういうパン屋さんになります」……とかね。

その文章を読むたびに、力が湧いてくるように。ブレそうになったら、自分の原点に戻れるように、心を込めて書くのです。この「趣意書」がしっかりしていれば、何があっても、きっと成功します。

うちの近所に、おそば屋さんがあります。店は駅からも相当遠い住宅街の中にあり誰が来るんだろう、と思うような場所にあります。自宅を改造して、造ったそば屋なので、席もそんなに多くありません。

でもお店に行ってみればわかるんですが、ご主人は一生懸命、心を込めてそばを打ってるんです。素材にももちろん妥協していません。そばは透き通るような白さで香りも高い。そばつゆには出汁のうまみがしっかり出ていて、とても深い味わいがあります。

お掃除もちゃんとやっているし、一人ひとりのお客様を最高の笑顔と感謝の気持ちでお迎えしてくれます。息子さんがそばを打って、ご両親が接客しているんですが、家族全員すごく仲良しなんです。

お店の前には自分たちで撮ったメニューの写真と説明書きがいかにも手作りという感じで貼ってあります。一生懸命考えたんだろうなぁと感じます。

駅から離れた住宅街の中にあるのに、このお店にはちゃんとお客さんが入っています。

有名な芸能人も来たらしく、この間行ったら、壁にサインが貼ってありました。どういうルートなのか知りませんが、団体のお客様も来られているようです。そしてついに、その店はミシュランの一つ星を取りました。

きっといつも自分の大切にするべきものをちゃんと大切にされているのでしょう。だからこんな場所にあってもちゃんとやっていけるのだと思います。

何を提供したいのか、何のためにやるのか、その中心軸をしっかりさせることは大事です。

そしてもう一つ大事なのは、常に工夫すること。うまくいかないなら、うまくいく方法をあれこれ作戦を立てて考えてみるのです。

自分で思い付かなければ、そういう類(たぐい)の本はいくらでも書店にあります。あなたがそういう知恵にアクセスしようと思えば、いくらでもそのルートがあることに気付いてください。

いいものを、心を込めて提供し、工夫しながらできることを精一杯やっているところに、不況は関係ありません。

うまくいかないわけがありません。あなただってそうでしょう。そういう仕事をしている人のお客さんになりたいでしょう？　だからその基本さえしっかり押さえていれば、なんとかなっていくものなのです。

自分の壁④　0から1を着実に進もう！

実は不安になるもう一つの大きな理由があります。

それは、一足飛びに結果を出そうとする焦りです。

いきなり0から10をつかもうとすると、地上から山頂まで駆け上がらなければならない感じがして、しんどくなってしまうのです。

そんなことできるかなぁ……。

相当頑張らないといけないだろうなぁ……。

そうじゃなくても不安なのに、ますますストレスがかかります。

本当なら0から1進んだだけでも、大進歩なのに、1進んでも「大して進歩がない」と判断してしまいます。それどころか、もたもたしてるなぁ！　一体何をやってるんだろう、と自分を責め立ててしまいます。

「早く結果を出さなければいけない」「自分は全然努力が足りない！」という思

い込みを強烈に持っている人の周りには、その思いを映し出し、「いつまでそんなことをやっているつもりだ!」と怒る人や、「全然進歩がないわね」と言う人が集まってきます。

そんなこんなでますます焦ってきて、そのことがまたまたストレスになって、なんにもやる気が起こらない。すると、そのことをまた責め出して、どうにもこうにも立ち行かなくなってしまう。

う〜ん、よくわかりますね。こういう気持ち。私も昔はそうだった。

こういうのって、一種の完璧主義なんですよ。日本人にはこういう人ってけっこういるんじゃないですか? まじめな人って多いですからね。

親からも学校からも「早くやれ」「ちゃんとやれ」「休むな! サボるな!」って散々言われてきましたからね。

さて、そんな状況をどうすればいいか。

それは、0からいきなり10を目指さずに、まず1を目指す。

1は簡単です。そして1進んだら、ちゃんとお祝いをする。少なくとも自分のことを褒めてください。本当は何かご褒美をあげるともっといいです。

そうやって一歩ずつ進んでいくと、だんだんその道のりが楽しくなってきます。

今日はチラシを作って公民館に置いてきた。すごい勇気だ！　やった〜、私こんなこと前はできなかったのに、気付いたらやってる。なんかいい感じだぞ。ワクワク。

そしてそこから一件問い合わせがあった。

やった〜！　ご縁がつながったぞ！　お客さんだ。

すごい！　私の提供することを喜んでくれる人もいるんだ。これは幸先がいいぞ。反響があってよかったぁ。

そしてそのお客さんをとても大切にして、喜びをもって、精一杯もてなします。

すると、その方のお友達を紹介してくれて、また一生懸命愛を込めてもてなすと、そこからまた広がっていく。気付いたら十人くらいお客さんができています！

こうやって、一歩一歩を大切にしていると、徐々に輪が広がっていきます。このプロセスがとっても感動的なんですよ。少しずつであろうとも、確実に進歩している。無理して一足飛びに10を目指すと、怪我をして、元も子もなくなってしまう場合もありますが、着実に進んでいる分、力も着実についてくるので安定していますし、何かあっても簡単に崩れるようなことはないんです。

そうやって一歩ずつ進んでいると、ある時、神様が現れます。

「君ねえ、エスカレーターっていうのがあるんだけど、使ってみる？　前よりも楽に行けるよ」

それは雑誌に取り上げられたり、業界の有力者の目に留まって紹介されたりするような一種のミラクルのようなもので、ある日突然やってきます。

「えええ。そんなものがあったんですか？　噂には聞いていましたが、私にそんなものが使えるチャンスが来ようとは。よかったら、他の人にもそういうものがあるって教えてもいいですか？」と言って、他の人にもどうやったらエスカレーターに乗れるのか教えて、みんなで喜んで昇るようになりました。

するとまた、神様が現れます。

「君ねえ、エレベーターっていうものがあるんだけど、使ってみる？　もっと早く楽に行けるよ」

「えええ。いいんですか？　じゃあ他の人も一緒に乗せてっていいですか？　みんな一生懸命やっているんです」

そうやって、あなたと同じように一生懸命やっている人で、少しあなたよりも後からスタートした人たちともチャンスを分かち合います。

するとまたまた神様がやってきて、

「君ねえ、もういっそのことヘリで行くかね。ただし定員は一人なんだよ」

「じゃあいいです。みんなと行きますから」

「ヘリに乗れるということをやって見せる人も必要なんだよ。ヘリの上から、どうやったらヘリに乗れるか書いた紙をばら撒(ま)いたらいいのさ。ヘリはたくさんあるんだ。君の分だけじゃなくね。ヘリに到達するにはそれぞれの人がそれぞれに体験する必要のあることがあってね。そのプロセスを楽しんでいる人には、必ず用意されるものなんだよ」

つまり、一歩一歩を大切にしていれば、途中から、急速に加速していくチャンスがやってくるということです。

チャンスには段階があって、たくさんの人と分かち合おうという気持ちがあれば、次のチャンスもやってきます。

でも人のプロセスをあなたが代わりに生きることはできません。その人にはその人のプロセスがあって、経験する必要のあることを省略して進もうとすると、親切のつもりが相手に怪我をさせてしまうことになります。

でも準備ができているのに、遠慮しているような人は、一緒にエレベーターに乗せてもいいんです。ここが難しいところですが、とても大事なポイントでもあります。

さて、今回のお話を要約すると、段階を追って進み、一段進むごとにお祝いする。

山登りをしている時、たまに振り返って下界を見ると、すごく景色がよくて、けっこう登ってきたなぁと思うのに似ています。

目の前のことを一生懸命心を込めて喜びを持ってやる。あなたが楽しそうなら、あなたのその楽しい波動につられて、人が集まってきます。

幸せになるためのいい方法がわかったら、周りの人にも分かち合う。

そしてたくさん幸せな人が増えていくことを応援する。

プロセスを楽しんでいる人のところには、そのうち必ず大きなチャンスがやってくる。

チャンスがやってきたら、喜んで受け取りましょう。そして、後から来る人たちのために、道を均(なら)しておきましょう。

自分の壁⑤ 10%成功すれば大成功

ケンタッキーフライドチキンのカーネル・サンダースの話をご存じですか？聞いたことのある方も多いと思いますが、彼は、自分がやっていたレストランに人が入らなくなり、なんとかしようと「得意なフライドチキンのレシピを教える代わりに、売り上げのマージンを取る」というフランチャイズチェーンを作ることを思い立ちました。そして、そのビジネス方法で全米のレストランを車一台で回ることにしたのです。

あっちに行っては断られ、こっちに行っても断られ……。断られること数百軒。はじめてOKをもらえたのはなんと！　一千軒近くなってからだったのです。

一千回近くも断られたら、普通はあきらめますよね。私なんて十回も断られたらあきらめるかも。

でも彼は自分のフライドチキンの味に愛と誇りを持っていて、絶対に人に喜んでもらえる味だと信じていたのです。彼のレシピで作ったフライドチキンが今日のように世界中で愛されるようになると、いつも心のどこかで信じていたんでしょうね。

私たちは何か新しいことをはじめると、ちょっとうまくいかなくなるだけで、ものすごく悩んだりします。

「こんなんじゃダメなんじゃないか……」って。

カーネル・サンダースに限らず、大成功を収めた人は、うまくいかないこともたくさん経験しています。でもあきらめない。この方法がダメだとしたら、こっちのやり方はどうだろうと工夫し続けるんです。

そのくらい自分のやろうとしていることが、たくさんの人の喜びにもつながることだと信じている。なんだかとってもピュアですよね。

カーネル・サンダースでさえ、最初の突破口までに千分の一の勝率ですよ。だったら、10やって1成功したら大成功でしょう。そんなのけっこう簡単なことですよ。

現代は地球にものすごくサポートのエネルギーが注がれているので、もしかしたら今カーネル・サンダースが同じことをやったら、五軒目くらいでＯＫの返事がもらえるかもしれませんけどね。

だから私たちも、ちょっとくらいうまくいかないことがあっても、いちいち不安にならないで「よ～し、じゃあ作戦変更だ！　次こそきっとうまくいくぞお！」と、次々考えていけばいいんです。数撃ちゃ当たるといいますが、本当に当たります！

すると意外に突破口が簡単に開いて、流れに乗れるんです。もしもその先にまた何か別な問題が生じても、最初の頃にいろいろ作戦を立てて、あきらめないで取り組むことを経験していれば、めげずにまた工夫をすることができるでしょう。

だから工夫する習慣を身に付けることって本当に大事です。これは習慣ですから。なんかいい方法はないかないか、といつも考えている人には、宇宙も「こんなんどうでっしゃろ？」みたいなインスピレーションを与えてくれます。

この作戦をいろいろ考えて実行するプロセスがPlayStationでゲームをしてい

るよりも、よっぽど面白いんですよ。どうせやるなら、現実の生活でゲームをやった方がいいじゃないですか。ゲームの世界で王様になるよりも、現実の世界で輝いた方がよっぽどいいと思いませんか？

というわけで、自分のやろうとしていることが、きっとみんなの役に立つ、みんなの幸せになると信じること。その軸をしっかりさせること。

ちょっとくらいうまくいかなくても気にしないこと。

10やって1当たれば大成功くらいに構えていること。

何かやってダメなら、落ち込むことよりも次の方法を考えることにエネルギーを使うこと。

この人生という最高に面白いゲームを堪能すること。

私はPlayStationとかやらないのでよく知りませんが、たぶんゲームってやっていくうちにコツみたいなものを習得していくんでしょう？

人生も、やっていくうちにコツがわかっていくんだと思います。

だから面白がりながら、あれこれ工夫してやり続けていけば、これだ！　とい

うものをつかんで、楽に流れに乗って加速する日が来るんだと思います。

自分の壁⑥ 欲は汚らわしいものなのか？

あなたには欲ってありますか？

金銭欲、出世欲、権力欲、名誉欲、支配欲、物欲、性欲、食欲……

「欲」という言葉には、何となくガツガツしていて、知性を感じさせないニュアンスがありますよね。そういうものを前面に出すことは慎むべきことであり、戒めるべきことでもあるという無言の圧力を感じます。

無欲こそが最高の美徳であり、それ以外のものは汚らわしいものであるかのように言われることもあります。

スピリチュアルの世界でも、「覚醒するには欲を捨てろ」と言う人もいます。

それで人は欲があっても、それを抑え付けようとしたり、拒絶しようとしたり、ない振りをしようとしたりします。そうすることでその欲は行き場を失って膨れ上がり、ますます欲に囚われることになるのです。

「欲」はあってはならないものなのでしょうか？　私はそうは思わないんですよね。

欲は真実につながる一つの扉だと思います。欲望のままに生きることも、欲望を抑圧することも、どちらも欲に囚われていることに変わりありません。

欲は捨てる必要はない。むしろ欲が発するその根源をよく見ることが大事だと思います。

自分の出世欲はどこからやってくるのか？　自分の何がそんな欲を生み出しているのか？　よ〜く見てみる。そうすれば、自分の自己認識がどうなっているのかわかります。

たとえば出世欲ならば、その根本にはたいていコンプレックスがあるのです。

それを埋めるために、出世したいと思った。そういう自分をよく見る。深く深く、奥底にあるものをよ〜く見る。

「そうか。そんなふうに思っていたのだな」

そして、人よりも何かができなかった自分のことも受け容れる。

そんな自分もいていいんだと、自分自身が認め、許す。

そういう契機にすれば、欲はとても役に立ちます。

「欲」は抑えず、巻き込まれず、ちょっと離れてよく見てみることです。

離れて見ることが難しいなら、欲に囚われて生きてみるという体験も役に立つでしょう。ゴリッゴリに欲に囚われて、グルッグルに巻き込まれて生きてみる。

そのおかげでもしかすると、何か外側を飾る肩書なり、年収なりが手に入るかもしれない。あなたのクレジットカードの色がゴールドやブラックになるかもしれない。

それでも全然幸せじゃないということにぶち当たり、人生の方向転換をせざるを得ない地点に到達できるかもしれない。外を飾ることをやっとあきらめることができるかもしれない。

それはそれでとても貴重な体験です。

無理やり抑圧して、無欲の振りをして生きるくらいなら、欲望のままを生きてみた方が、ずっと実りは大きいでしょう。

どっちにしても、欲はあなたに真実を開示する扉になりうる。だから欲を忌み嫌わなくてもいいと思うんですよね。

欲を通過して、欲を超越すればいい。

本当の無欲は、修行や禁欲からは生まれない。欲をよく見るか、それを通過することからしか生まれない気がします。それ以外はきっとどこかに無理がある。

だから、あなたも欲を（ダジャレじゃないけど。笑）、よ〜く見ることです。欲があなたに向かって語る、奥底にある真実に目を向けることです。欲はなかなか素晴らしい真実の教師ですよ。

自分の壁⑦ 人はなぜ三日坊主になるのか

さて、世の多くの人たちは、年のはじめや何かの節目の時に、「今度こそ、やるぞ！」と決意したりしますよね。そして、最初の一週間くらいは曲がりなりにもそれができるのに、そのうちいつも通りに戻ってしまうことってあると思います。

いわゆる三日坊主ですね。

せっかく決意したのに、どうして続かないのでしょう？　いろいろな要因があると思います。

まず「そもそもそんなことを本当にやりたいとは思っていない」っていうケース。

たとえば「会社で昇給するためにはTOEICで600点以上必要で、好きで

もない英語を勉強する」というような場合や、人の期待に応えるために、あるいは誰かに愛されるために好きでもないことを頑張る場合です。

人は本来、やりたいこと以外できないんです。それでも、我慢してやりたくないことを続けることもできますが、そういうことができるのはせいぜい二十歳（はたち）までです。

そこを過ぎると、それまでに蓄積されたストレスのために、頑張ることができなくなってきます。

もう一つの要因は、「無意識の自己否定の強化によって消耗してしまい、続けられなくなる」ケースです。

たとえば、早起きできず、いつも会社にはギリギリか遅刻。上司から「だらしない！」とこっぴどく叱られ、自分でもそういう状態を改善しなければと一念発起したとします。

最初の二、三日はなんとか十分くらい早く起きられたけれど、早く起きるのはやっぱり辛くって、結局元の木阿弥。

それは何も習慣だけの問題ではないんです。

そもそもこの人の場合は、「だらしない自分は嫌だ」「こんな自分じゃダメダメ」「違う自分になりたい」というところからスタートしていますよね。

そうです。自己否定が根本にあるんです。自己否定があると、ものすごくエネルギーを消耗します。

だってだらしない自分もいるんだもの。それは消せないもの。消す必要もないもの。あっていいこともあるもの。それなのに、それを拒絶し、ないものにしようとすることは、相当エネルギーを消耗することなんです。

多くの人はそこに気付いていない。それを根性がないとか、やる気がないという言葉で片付けてしまう。

何度も気持ちを切り替えて、今度こそって思うんだけれど、うまくいかない。でも、その根底に自己否定があることには一向に気付かない。それどころか、毎回トライしてもうまくいかないことで、ますます自己否定が進んでしまいます。

だからまずは、「寝坊する自分」や「だらしない自分」、「何かをやろうと決めても続かない自分」を、受け容れるところからはじめる必要があるんです。

「確かにだらしないし、寝坊もする」。そうであることを完全に認めます。そして、「そういう私もいていいよ。そういう私を心から許し、愛します」と抱きしめます。

「早起きしないとダメだなんて、無理強いしません。どんなに遅刻しても、そういう私を受け容れます」ってところまでいけたら、かなりのものです。

「理想の自分」なんていう絵に描いた餅を捨てて、生身の自分とちゃんと向き合うのです。今はそういう自分なんですから、それを否定したり拒絶しようとしないことです。

理想の自分を握りしめているうちは、むしろ理想から遠ざかり、自己否定が強化され、ますます辛くなっていきます。

どんな自分も全面的に許し、受け容れた時、なんだかとっても軽やかになってきます。

それもそのはず。これまで自己否定していたことで消耗していたエネルギーが一挙に戻ってくるからです。

そして、そのエネルギーはあなたがあなたらしくあることに使えるようになってきます。

そうなってくると、なんだかすご～くあなたらしさが輝きはじめる。人にもとっても魅力的に映るようになる。そんなあなたは、思い描いていた理想の自分とは比べものにならないほど素敵です。

そこまでいくと、わざわざ決めた時間に早起きしようと思わなくても、自然に体内時計が機能するようになり、最適な時間に目覚めるようになってきます。

あらゆることが、無理になんとかしようとしなくても、自然にうまくいくようになる。

皮肉なようですが、それが真実なんです。

「こんなお前なんてダメだ！　ダメだ！　ダメだ！」

この文字を見ただけで、ゲンナリして、やる気がなくなってしまいませんか？

「どんなあなたのことも愛するよ」

は、とってもあなたに力をくれる感じがしませんか？

やっぱりこっちでしょう。あなたがあなたに、それをするということなんです。

三日坊主で、実はよかったのです。

「自己否定が潜在的に進行してやしませんか？　ちょっと止まって振り返ってみてください」というサインだったのですから。

すべてを受け容れよ。すべては存在する価値がある。このワンネスという宇宙の流れに逆らっても無駄です。

無駄な抵抗をやめて、今すぐどんなあなたも受け容れることに降参してしまい

ましょう。そこからやっと、本当に幸せな人生がスタートするのです。

恋愛① 愛を成就させたいなら

さてみなさん、ここからは「愛を成就(じょうじゅ)させること」について、お話ししたいと思います。こういう仕事をしていると、よく結婚、恋愛などのご相談を受けます。

「本当に愛する人と結ばれたい」、これって切実な問題なんだろうと思います。

「相手は私をどう思っているんでしょうか?」というご質問を受けることも多く、その方からつながって見える相手の方の波動を読んだりしたこともありました。

どうしたら相手の気持ちを引き付けられるんだろうと思うこともあるでしょうね。でもここに厳然とした法則があります。

「相手の気持ちを操作することはできない」ということです。それは、相手の気持ちは相手のものだからです。

こっちを振り向かせるために駆け引きをしたり、画策したりするかもしれません。ですが結局、そこに意識がいっている限り、目には見えないかもしれませんが、相手には、あなたが相手を縛ろうとしているエネルギーとして伝わってしまいます。

つまり、「どうしても振り向かせたい」という念が強ければ強いほど、相手には逆効果になるということ。

これって恋愛関係に限らず、人間関係すべてに言えることです。

だったらどうしたらいいの？ という話ですが、全部手放してください。「相手に愛されたい」という気持ち。そして、**その人が自分をどう思おうと、相手を心から愛し、幸せを願って、後は自分の好きなことでもして、ますます輝いていてください。それが一番です。**

相手をコントロールしたいという気持ちを手放して、シンプルに幸せを願うと、相手には愛のエネルギーだけが時空を超えて伝わっていきます。そうなると、なぜか相手はあなたのことを思うと幸せな気持ちになって、たとえ恋愛そのものが成就しなくても、あなたとはきっといい関係になるでしょう。

ある日キリストが瞑想中に現れて、こう言いました。

「自分の中の真実の愛に気付けば気付くほど、人は聖なるパートナーと出会い、深く結ばれる」と。

自分の中の真実の愛とは何なのか？

もしも、あなたがどんなことをしても、許し、慈しみ、愛し、どんな時も「大丈夫だよ、あなたは素晴らしい人だから、私は信頼してるよ。絶対応援しているからね」と言ってくれる人がいたら、何かとっても励まされ、元気になりませんか？

それをまず、自分自身に対してするということみたいです。そういう揺るがない愛は、誰の中にもあって、見つけられるのを待っています。

キリストってすごいですよね。その真実の愛を自分に注ぐだけじゃなく、すべての人に注いでいたのですから。たとえ磔（はりつけ）にされても、そんな仕打ちをした相手をも許し、愛していた。その愛の深さに改めて感動しました。

キリストのようにすべての人に無条件で愛を捧(ささ)げられたら素敵ですけど、それができなくても、まずは自分のすべてを受け容れ、自分が自分の一番の応援者になりましょう。

そこに至れば、他者は自分を映し出す鏡なので、あなたのことを、深く愛してくれる聖なるパートナーも目の前に現れてくるでしょう。

自分は魅力もないし、年だし、愛する人と結ばれるなんてこともないし、寂しいから誰でもいいんだ、みたいに自分を粗末に扱わないでくださいね。

そして今パートナーがいないとしても、結婚していないとしても、別に価値のない存在じゃない。結婚したから、パートナーがいるから価値がある人ということでもない。離婚したから幸せになれない、そんなこともない。

そんな外面的なことよりも、あなたがどんな自分をも愛していることが、何よりも価値あることなんです。

恋愛②「愛している」と伝えよう！

さて、愛についての話をもう少し。私のセッションに来られたPさんのお話をしたいと思います。

Pさんは男性で、これまでまじめに仕事をやってきて、ちゃんとお金も家に入れていたし、しっかり家族を養ってこられました。奥様もお子さんも元気にやっているし、平凡だけど、家庭円満だと思っていました。

そんなある日、突然奥様が見たこともない顔つきで言い出しました。

「あなたのような人はもう愛せない。異性としてもなんのときめきも感じない。

私が姑（しゅうとめ）や舅（しゅうと）で苦労していても、あなたは何も助けてくれなかった。

私がどんなに必死になって相談しても、ろくに話も聞かないし……。

そもそもあなたが何を考えているのかもわからない。

こんなに長く一緒に暮らしていたのに、ちゃんとコミュニケーションをとった

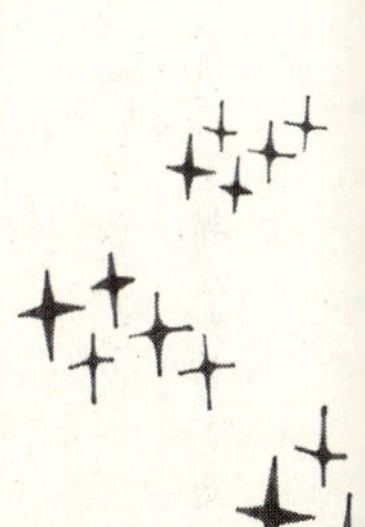

記憶もない。

人生を生きる軸のようなものもわからない。

今まで何度も話し合おうとしたけれど、そのたびに遮られた！

もう、あなたとは一緒にやっていけない」

Pさんは、あまりにも突然の奥様の発言に衝撃を受けて、おろおろして涙だけが流れるばかり。どうしていいのかもわからない。

ただ自分が彼女の信頼を全く失ってしまったことだけは、ぼんやりした意識の中でうっすら理解できるという状況。

自分は一生懸命働いてきた。一家の主として、自分にできることはやってきたつもりなのに、ちっともそんなふうには思われていない。奥さんにもちゃんと自分のことを理解してもらっていると思っていたのに、それは全くの勘違いだった！

その衝撃に食欲もなくなり、体重も落ちました。何をやっていても悲しくて、奥様が好きなスピリチュアルの世界に救いを求め、いろいろな本を読んだりしたそうです。それでご縁があって私のサロンを訪れてくださいました。

お会いすると、Pさんは、とっても愛にあふれたご家族思いの優しい男性でした。奥様はもうPさんのことを異性とは思えなくても、Pさん自身は「あんなことを言われても、奥様のことをかわいいと感じる」と言っていました。

こんなに愛していて、こんなに愛しいと思っていても、こんなに心が優しくても、相手には伝わっていなかったのです。

なぜでしょうか？ **それは、伝えてこなかったからです。**

自分の両親が、愛情や感情を伝え合うことを恥ずかしいと思っていたり、仮に自分が伝えたとしても理解してくれなかったり、拒絶されたりすると、もうそんなことを口にするのは意味のないことだ、という認識になってしまいます。

そしてどんどん感情を伝えないことが当たり前になり、言わなくてもわかるだろうと思い込むようになります。

でも伝えなければ、やっぱり伝わらないんです。

仮に相手が透視能力者だったとしても、口で伝えなければ、理解し合うということはできません。相手の気持ちが読めたとしても、それだけのことで、コミュニケーションにはなりません。

セッションでは、Pさんの中にある感情や愛情を伝えることへの恐れを解放しました。そして奥様の発言によって傷ついたチャクラを修復しました。

そして今からでもいいから、毎日「愛してるよ。今日もありがとう」と伝えてみてくださいと言いました。たった一回、心を込めてそう言うだけでも理解し合えるようになる場合もあります。もし時間がかかったとしても、伝え続けることで凍りついたハートは徐々に解けていくはずです。

それでも許してくれなかったとしても、その次に出会う好きな人には、楽に愛を表現できるようになり、今度こそ深く理解し合えるようになるでしょう。

さて、以下はPさんからのメールです。

おはようございます。昨日はありがとうございました。自信を持って帰ることができました。

夜、子供達を寝かしつけてから話をしようとしたのですが「何？　やることあるから一人にさせて」と言われてしまったので「いつもありがとう」しか言えませんでした。

しかし今朝は機嫌よくいろいろ話ができ、妻を見送る時ハグして「愛してる」と言えました。妻は少し照れた顔をして仕事に行きました。とてもいい気持ちです。

フっと心が軽くなった感じです。続けていきます。ありがとうございました。


早速行動したPさんは、やっぱり愛の深い人です。

そんな愛情表現を続けていくうちに、本気で離婚しようとしていた奥様の心もゆるみ、夫婦の信頼関係が取り戻されました。今はお互いに何でも話せる夫婦になりました。

言わなくてもわかるというのはウソではないと思います。でも言わなくてもわかっていても、やっぱり口で伝えてほしいんです。聞いてみたいんです。

黙って無視し合うより、言いたいことを言って喧嘩した方がまだましです。

私の好きな番組に『探偵！　ナイトスクープ』というのがあります。

この番組では、ときどき、街角でつかまえた人に「あなたの両親に今から感謝の言葉を電話で伝えてみませんか？」みたいなことをやります。「えええ〜」と照れながらも電話すると、決まって両親や奥さんがうれしそうな声を上げます。

感謝や愛は相手が死んでしまう前に、口で伝えましょう。いや、死んでしまう前までに、ではなく、できればそう思ったその時に心を込めて伝えましょう。

みんな本当はどこかに寂しい気持ちを持っています。本当に自分は愛されているのだろうかと不安に思っていたりするものです。

だからまず、あなたから「愛している」と伝えましょう。

✦お金　お金はなくならない

次は、お金のことについてお話ししてみようと思います。

私は親から「お金は使ったらなくなるんだからね」とさんざん言われてきました。そして、何か欲しいモノに使うよりも、節約して貯金している方が立派なことだと褒められました。

でも小さい頃から、私は目的もなくお金を貯めるということがピンと来なかったのです。大学生になって親から仕送りをしてもらうようになった時も、仕送りを節約してお金を貯めて好きなモノを買うよりも、バイトをして稼いだ方が早いと思っていました。

だからけっこういろんなバイトをしましたよ。家庭教師などは、比較的割のいいバイトなんでしょうけれど、あまり興味がなく、少し変わった経験ができて、なおかつお金も普通よりももらえるバイトをやったりしていましたね。

みなさんはお金に対してどんな考え方をしていますか？　お金って本当に使ったらなくなるんでしょうか？

私はそうでもないと思います。確かに無駄に使ってしまうこともあるでしょう。でもお金はたくさんあっても、全然使わなければ、ただの紙切れです。

お金がなぜ価値があるかと言えば、いろいろなモノと交換できるからです。もし何の交換もできないとしたら、持っていても仕方がないでしょう。

さて、あなたが千円を出して、すごく素敵なマグカップを買ったとしましょう。もう大好きなデザインで、それに好きなお茶を入れて飲んだら、それだけで幸せ。毎日仕事から帰ってきて、そのマグカップに入れたお茶を飲むのが楽しみ。本当にくつろげる。

こうして素敵な時間を過ごせるようになったとします。この時間が手に入ったのは、あなたが千円を出してマグカップを買ったからです。

「とりあえず飲めればいいや」と思って、年末の抽選会で末等の景品としてもらったマグカップでお茶を飲むこともできます。でも、なんかデザインも変だし、手触り（てざわ）もよくない。ただの入れ物って感じ。だから、このマグカップで飲んでいると、虚しくなってくる。

だとしたら、タダでもらったにも拘わらず、このマグカップを使っても全然得していませんよね。

千円を出して買ったマグカップは、あなたに「千円」と引き換えに、「豊かなくつろぎの時間」を提供してくれています。

千円札はお財布からなくなりましたが、千円以上の価値がその代わりにあなたのところにやってきたということです。

つまり何かなくしたのではなく、新しい価値を手に入れたのです。そう考えると、いい使い方さえしていれば、お金の持つ価値自体はなくなりませんよね。むしろ増えていく。

あなたが稼いだお金で、何か交換したモノはそのまま何らかの形で蓄積されていくとも言えます。

お父さん・お母さんが稼いできたお金で子供を学校に入れたり、ご飯を食べさせたりすることで、子供はちゃんと成長していく。一生懸命愛を込めて育てれば、かけたお金の額では計りきれないほどの感動や喜びを子供は与えてくれます。

社会人になったら、初月給でささやかなプレゼントをくれたりして、そういうことをされると、プレゼントそのものよりもその気持ちに感激して「育ててきてよかった」って思ったりします。

だからお金はなくならない。むしろ価値あるモノに使えば、さらに大きな豊かさにつながっていくものだと思います。

節約もゲーム感覚でいろいろ試してみるのは楽しいものです。私も同じ商品なら安い方の店で買うし、割引券を持っていたらそれを使おうと思います。無駄にお金を使おうとは思いません。

何も考えずに欲求のはけ口のようにお金を使ったら、それはせっかく稼いだお金に対しても、自分に対しても失礼です。ただ、自分の魂が本当に望んでいることなら、あまり心配せずにお金を使ってもいいのだと思います。

自分の魂の道に沿ってお金を使うと、それは何倍にもなってあなたに価値をもたらします。それどころか、さらにあなたにお金を運んできてくれたりします。

つまりお金にいい流れを作ることが大事なんだと思います。

私自身の経験でも、あるいはお客様からもよく聞くことですが、自分の魂の道に沿ってお金を使っていると、けっこう大金を使ったなぁと思っても、そのお金は不思議と戻ってきます。

あるいはどうしてもこれが習いたいんだけど、お金があと十万円くらい必要だ……どうしよう……と思っていると、突然何かの賞金が当たったり、ずっと忘れていた人からお金を返すと言われたりします。

こういう流れが来たら、そのお金は使っていいというサインです。

ある時私は、お客様に出すお茶のカップがちょっと気に入らなくて、もうちょっと素敵なのにしたいなぁと思っていました。それで大好きなFrancfrancに行って、お気に入りのカップを買ってきました。

今度お客様が来られたら、それでお出ししようと思います。

それから、台所のスポンジもボロボロになっていたので、この際、使っていて楽しくなるモノに変えようと思って、お魚の形のスポンジに変えました。

どっちもそんなに高いモノではありません。もっと安いモノもあったと思います。でも手にするたびにうれしくなったり、楽しくなったりするモノにしたかったので、買ってよかったと思っています。

いつもいいお金の流れを作れるように、以下のように宣言しておきましょう。

「私の魂を満たすためのお金は、十分に流れ込んできます。私は無限に豊かさを受け取ります。私はその豊かさを循環させ、私だけでなく、周りも豊かになるような道を歩みます。そうなりました！」

第四章 夢を叶える方法

★やりたいことを見つける方法

「人生をかけてやりたいことを、どうしたら見つけられるのでしょうか?」と、よく訊かれます。

でもそれは探すものじゃないんです。適性検査を受けてそこから判定するものでもないし、透視能力者に透視してもらうものでもない。

もっと別な言い方をすれば、**探すから見つからないとも言えます。探すってことは、「ない」ってことを前提にしているってことですからね、探せば探すほど見つからない。**

何がやりたいかなんて、そもそも頭で考えるものじゃないんです。頭で考えるからわからなくなるとも言える。

そんなものは探さなくていい。

それよりも「今、これをやりたい」と思うことを無心にやり続けるだけでいい

んです。

目の前に鉄火丼とカツ丼があったら、カロリーや予算からどっちを食べるか決めるんじゃなくて、純粋に食べたい方を食べる。

お天気がよくて、あぁ気持ちいいなぁって感じていたら、何だか散歩したくなってきた。そしたら散歩する。お散歩してたら、椿の花が咲いていた。「うわぁ〜、かわいいなぁ」って思ったら、気が済むまで見惚れる。

毎瞬毎瞬、小さなやりたいことを選び続けた延長線上に、本当にやりたいことは期せずしてやってきます。それまで焦らないことです。焦って探せば探すほどますます混乱する、ということを覚えておきましょう。

さて話を戻して、なぜやりたいことが見つからなかったのか。

それはきっと人の期待に応え続けてきたからでしょう。自分が満たされることよりも、誰かに評価されることや、誰かを喜ばせることを優先してきた。それを長いことやってきたので、やりたいことをやる回路が麻痺してしまったのでしょう。

「こうしたい」よりも、「こうするべき」に従って生きてきたということ。これは、ハートに従うよりも、頭でコントロールすることを優先してきたとも言えます。

だからこそ、頭で考えず目の前の小さいことから、直感的に「こうしたい」と感じるハートに従うようにしていけばいいんです。そうすれば、徐々にやりたいことをやる回路は復活してくる。

いきなり大きなことをしようとするから苦しくなるんです。

気楽に小さな「やりたい」を直感的に選び続けているうちに、ある日ふと、何かを夢中でやっている自分に気付くんです。

見つけようとして見つからなかったことを、気付いたらやっている。実は、その方が探すより早い。なぜならその方が自然な流れだからです。

不自然なことをするから、混乱していただけです。

人はそもそもやりたいことをするようにできています。

不自然なことをやめれば、自然に本来の姿に戻れるのです。

★歓びを起点にするとうまくいく

さて、ここからは「行動の起点」についてお話ししていこうと思います。

たとえば、ウォーキング。ある人は健康維持のためにウォーキングをしています。またある人は歩くと気持ちよくて、すっきりするからウォーキングをします。

同じ行動でも、その動機って様々ですよね。

私も昔ピアノを習っていた時は、先生がすごく怖かったので、先生に怒られないために練習していました。本当はピアノを弾くこと自体が好きだったのに、いつの間にか「怒られないように練習する」という方向に意識が向いていたのです。

それが受験を機に習うのをやめて、大学に進学してからは、誰からも頼まれていないのに、弾きたい曲があったので、毎日練習していました。

同じようにピアノを練習するのでも「怒られないために練習する」のと「弾きたい曲があるから練習する」のとでは、エネルギーが全然違います。

「怒られないために」練習していた時は、とても心が重くて、できたら早く切り上げたいと思って弾いていました。

でも「弾きたい曲があるから」練習している時は、何時間でも弾いていられました。気付くと日が暮れているということもけっこうありましたね。

きっと「あぁ、あの曲が自在に弾けるようになったら、どんなに楽しいだろう」という歓びが起点になっていたので、どんどんエネルギーが湧いてきて、いくらでも弾けたんだろうと思います。

歓びにはとても大きな力があって、私たちに大きな活力を与えてくれます。

同じことをするのでも、

「こうだったら楽しいだろうなぁ。こんな人生を送ってみたいなぁ」という歓びが起点になっていれば、あなたはとても楽にできるし、習熟も早いし、プロセスそのものも楽しめるでしょう。そして継続的にそのことに熱中することができます。

だから人から置いてきぼりにされないためとか、人に嫌われないためではなく、その状態だったらどんなに楽しいだろう、私はその歓びをぜひとも体験したいんだということを起点にし、ワクワクを燃料にして行動していった方がたぶん、早く幸せになれると思います。

あなたの行動の起点は何ですか？　同じことをするのだとしても、それを歓びを起点にできないでしょうか？

さっきのウォーキングにしても、「ウォーキングしないと体がなまるから、雨の日でも風の日でも歯を食いしばって歩く」こともできるでしょうけれど、「歩いていると毎日違った空の色が見えて感動するし、気持ちがスッキリするから歩く」こともできるでしょう。

あなたの行動の動機をもう一度見直しましょう。

「こうならないように」ではなく「こうだったら楽しいだろうなぁ」に起点を転換してみるだけで、ずっと楽しくできるはずです。

★踏み出せない自分も許していい

やりたいことがわかったとしてもなかなか一歩が踏み出せないことってありますよね。

やりたいという気持ちよりも、不安の方が大きければ、なかなか踏み出せなくなるものです。その場合どうしたらいいのでしょうか。

まず最初に**「やりたいことがわかって幸せだな。そのことに気付けた自分は素晴らしい」と認めてあげてください。**それだけでも素晴らしいことなのに、そのことをスルーして、つい自分を急かしてしまうんです、人って。

やりたいことがわかったら、はっきり言いますが、ほぼ幸せの流れに乗ったと言っていいでしょう。

わかったということは、どうやったって、そっちに流れていきます。自分がグズグズしているなぁと思っていても、どんどんやりたくてしょうがなくなってき

て、自分で自分を止められなくなります。あるいはそれまで勤めていた会社の方から追い出されるようなことが起こったりもします。

何がやりたいかわかったということは、魂につながったということでもあるので、これはものすごく強いエネルギーです。結局遅かれ早かれ不安をぶち破って進むことになるでしょう。

だから流れを信頼していいのですが、そんな時ブレーキになってしまうのは、なかなか踏み出さない自分をあれこれ責め立てること。このブレーキをゆるめるためには、そういう自分を認めて許すことです。

「そういうこともあるよね。今はまだ不安に思っているんだね」とそのまま受け止めることです。

あなたが責めることをやめれば、実はそれだけでも、ものすごくエネルギーが戻ってきます。そして何か小さな一歩を踏み出せる状態になります。そしたらそれをやるだけ。**自然に扉が開いて、後はドミノ倒しの状態で加速していきます。**

人は自分を責め立てる方が、ちゃんとやるんじゃないかと思いがちですが、よ〜く考えてみればわかりますよね。それが一番足を引っ張っている。それが一番ストレスになっているんです。

だから逆効果のように思えても、責めることをやめて、受け容れた方がうまくいくんです。

それと踏み出すことに対する恐れがあったら、それも洗いざらい全部書き出してみる。

・やりたいことをはじめると苦労する、うまくいかない
・お金を稼ぐのは大変だ
・やりたいことよりも、人に評価されることをしないといけない
・私は人に理解されない
・やりたいことをやると人に迷惑をかける
・失敗するかもしれないので、何もやらない方が安全だ
・私は完璧でなければならない。ちゃんとやらない自分はダメだ

……代表的なものを挙げてみましたが、他にもたくさんあるでしょう。書き出

して客観的に見てみれば、なんだそんなことを気にすることもないのにって感じたりします。

だいたいそう思うからそういう状況を引き寄せてしまうだけなんですよ。失敗したりうまくいかなかったりする状況がすでに定められているわけではなく、あなたがそう思うからそうなるだけです。

自分で自分の首を絞めているわけですから、ばかばかしいですよね。こんなトリックにだまされちゃダメです。だったら、うまくいくことだけを信頼すればいいだけの話なんです。

そんなにこの縄抜けは難しくありませんよ。そういう思い込みに気付いたら、意識してそれを手放し、「なぁ〜んだ、そんなふうに思っていたのか、それは誤解だよ。そんな自分を苦しめる考えは全部やめるぞ！　うまくいくことを自分に許そう！」と力強く宣言してください。

それでもまた不安が浮かんできても、「まだ手放せてないじゃないか。お前はなんてダメなヤツなんだ」と責めないこと。それもまた自分を苦しめます。

生きていればいろんなことがあるし、多少動揺してもいいんです。不安が全くないのも不自然なくらいです。

だから、「そうか、そう思ったんだね」とまた受け容れる。

そしてそのたびに、どうせ思い込むんなら、自分を幸せにする思い込みを選ぶぞ！　と何度も正気に戻る方を選び続ければ、だんだん動揺する時間が短くなってきて、しまいにはほとんど気にもならなくなってきます。

思えば何十年も恐れや不安に囚われ続けてきたわけですから、多少動揺することが起こっても仕方ないところもあるんです。**不安に思う自分にダメ出ししたり、怒ったりせずに、粘り強く軌道修正し続けることです。**

これも徹底して二週間くらいでいいですから、やってみるといいです。たった二週間でも、徹底的にやれば、きっと不安にとらわれなくなってくるはずです。

★やりたいことで幸せになる

私は、全国でワークショップを開催するため、長期間の出張をすることがあります。この長い旅がとても楽しい。楽しくてたまりません。こんなにやりたいことが次から次へと連鎖している日々を過ごせること、そして大好きな旅ができること、新しい出会いをたくさん体験できること、どこを取ってもありがたいです。

やっていることは、いわゆる仕事ではあるのですが、自分の中では「やらなきゃいけないこと」「ちゃんとすべきこと」という意識がありません。好きだから、やりたいから、魂の命ずるままに動いています。思考も使いますが、その命令を出すのはいつも魂です。

やりたいことをやって、ちゃんと生活できるなんて、そうそうできることではないと言う人もいます。

でも、私は誰にでもできることだと思っています。それはすごくシンプルなこ

とです。

いくつか思いつくままに挙げていきますので、何かあなたにヒットすることがあれば、活用してください。

・やりたいと思ったら、まずやってみる。

・ちゃんとやらなきゃいけないとか、きちんとやらないとダメだとか、自分を窮屈にするようなことを自分に言わない。好きなようにやらせる。

・周りから「そんなことできるわけがない」とか、「そんなことでご飯が食べていけるの」とか、いろいろ言われても、それはあなたのご意見ですねと、スルーする。そう言われたからと言って、その枠に自分をはめない。

・まずは自分一人でできることを着実にやる。どんなに大きな夢であっても、最初は小さな一歩からはじまる。その一歩を大事にする。いきなり何段も飛び越えようとすると苦しくなるので、今できることに集中する。

・うまくいかないことがあっても、そこであきらめない。何か工夫できるチャンスを、その出来事は教えてくれているんだ、と思ってみる。そう思ってみると、確かにそこには貴重なヒントがあり、そのヒントを生かすことで飛躍的な進歩を遂げることも多い。

・やっていることをこよなく愛し、楽しむことができれば、人は必ず集まってくる。なぜなら楽しんでいる人と一緒にいると楽しいから。魂の底から楽しんでいる人は、見た目や経歴と関係なく常に魅力的だ。

・「私はお金には困らない」と思っていると、なぜかちゃんと豊かさがやってくる。

・やりたいことをやってうまくいっている人を見たら、その人を特別な人だと思わずに、「その人にできるなら、自分にだってできるはずだ」という励みにする。

・今年の運勢が悪いと言われても、おみくじで凶が出ても、私には関係ないと思う。自分の運命の鍵は自分が握っていると確信している。

・夢の話をするとお互いに触発され、勇気づけられるような友達を持つ。

・「私はこういうことをやりたいんだ」という夢を目を輝かせて、そこら中で言いまくる。

よく、そういうことを言うと「否定するような人には言わない方がいい」と言われていますが、私は分け隔てなく誰彼かまわず言う傾向があります。その方が勢いが止まらない感じになってきていいです。そして相手がそれに対して否定的な反応をしても、さらっとかわす。

それと100人に言って、51人が「素晴らしいね」と言ってくれたら、四捨五入して満点扱いにします。これに関しては自分に点が甘くていいんです。

・これをやろうと思っていたのに、やっているうちに違うことにもっと魅かれたら、躊躇せず選択し直す。いつも自由であっていい。

・とにかく今こうして生きていることは、みんなのおかげだと思っていて、なんだか知らないが、毎日感謝でいっぱいになっている。

思いついたことはこれくらいでしょうか……。

私はそれほど深く考えず、こんな感じでやってきて、気付いたらなんだかうまくいっています。何か心にヒットすることがあったら、参考にしていただければ幸いです。

今の私はますます時間的に自由になっています。それなのに収入は上がっています。やりたいことだけに集中した方が、精神的にも時間的にも経済的にも自由でいられることがわかりました。

それと何が起こっても、全部ひっくり返して恩寵にしてしまう図太さが身に付き、とても助かっています。

頭がよ過ぎるより、すこ~しネジがゆるんでるくらいの方がいいんですよ。

すぐにその気になってしまう、ちょっとおバカに見えるような人ほど、けっこう楽に幸せになれますよ。

★「努力」と「夢中」の境目

さて、あなたが魂に従うようになってくると、これまでは頑張らないとできなかったことが、楽々とできるようになります。

なぜなら、エゴがあなたのエネルギーを消耗させなくなるからです。

エゴにとらわれている時は、両足に「自分は足りない。能力がない。価値がない」という重い足枷を付けたまま、前に進もうとしているようなものなので、めちゃくちゃ燃費が悪いのです。苦しくて苦しくてたまりません。

エゴにとらわれればとらわれるほど、何かをしようとする時、それが「努力」という感覚になってしまいます。

あなたが魂に従えば従うほど、「努力」という感覚は低減し、かなりタフになってきます。どの段階から努力という感覚になるかは、その人の魂とのつながり

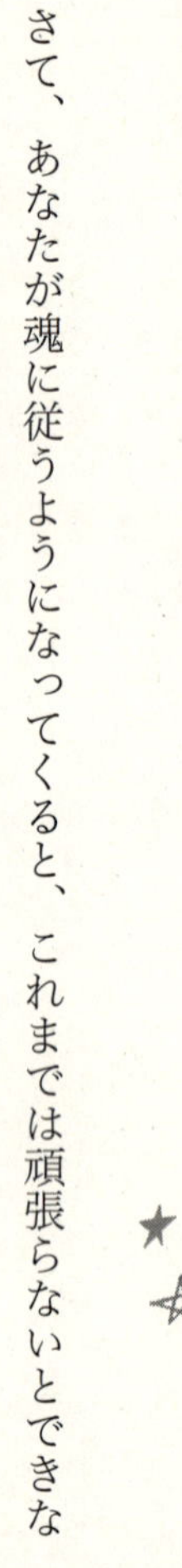

の深さによるということです。

でも、エゴも別に存在していてもいいんですよ。なくそうと思わないでくださいね。抑えようとする必要もないです。

「ああ、今そう思ったんだな」でいいんです。

そういうふうに思っても、どうしてもエゴに絡み付かれるなら、もう一度魂につながり、今一体どういうことが起こっているのか、何に気付くことができるのか、訊いてみればいいんです。

そこで深い気付きが起これば、それでもうその呪縛とはさようならできます。

答えが出なくてもすぐに無理に頭で答えを出そうとせずに、ただ魂に委ね、待っていれば、答えは閃（ひらめ）きのような形でやってきます。頭を使わないことがポイントです。


努力って、究極的には要らないように思います。魂に従って思うままに生きれば、「努力」と言われるものは「夢中」というものにほぼ変わってしまいますか

ら。

やりたくて仕方ないので、放っておいてもやってしまう。

やる必要のないことは、躊躇なくやめることもできる。

だから疲れない。

なんだか知らないけど、いつもどこかで歓びを感じている。

そんな感じになりますよ。

ぜひあなたの日常を「努力」から「夢中」に替えて、ガンガン行っちゃってください ね。

★「休まないとダメになる」のウソ

今の仕事が軌道に乗り出したある時期、どんどん忙しくなり、本当に「こりゃいかん」と感じるほどになりました。ほぼ起きてから寝るまでずっと仕事をしている状態。休日というものもありませんでした。休まないと、どこかでエネルギー切れを起こすんじゃないか？　疲れが抜けなくなるんじゃないか？　などと心配が頭をもたげました。

でも一つ仕事が終わって休憩しようと思っても、また次の仕事が入ってくる。休もうと思ってもその時間がゆっくり取れない。だんだんそのことがストレスになっていました。

ところが仕事をやってる最中は、実を言うと楽しいんです。なぜなら好きなことだから。

ブログを書くことも、個人セッションをすることも、ワークショップや連続したコースも全部大好き。ラジオ放送も夢中でやっている。その準備も本当はけっこう楽しんでいる。

そうやって動き回っている自分がなんだか好きみたいな感じ。あれれ？　どういうこと？　そのことに気付いたとたん、自分の中にあるとんでもない思い込みにぶち当たりました。

「仕事をしたら、休まなければ破たんする。めちゃくちゃになる」という強烈な**思い込みです。**みなさんも、仕事をしたら休まないと、って思うでしょう。それは確かにそうです。でも休まないとダメになるってものでもないです。だから休むな、と言う話ではないですよ。そうじゃないんです。

実は私は以前の仕事が、ものすごいストレスでした。職場の方針が全く納得いかなかった。それでも仕事は押し寄せてくるし、休日出勤も多いし、自分を保っているには休む時間を確保しないとダメだったんですね。そうじゃないと確かに壊れそうでした。

この職場も最初の頃はよかったんですが、トップが交代して方針が変わってからは、その方向性に全然納得いかなくなったのです。その状態で何年仕事したでしょうかね。十年近く頑張ったでしょうか。

今はこうしてみなさんに「自分の好きなことをやりましょう」と言っていますが、その頃の私は、自分の使命とは「この組織の方針をまともな方向に戻すこと」、それから「そのために虐（しいた）げられている人を救うこと」、ひいては「社会に貢献していくこと」だと思っていたので、毎日が闘いでした。全然楽しくない。ある意味自分の主義主張に固執していたのだと思います。

方針が違うと感じるのなら、辞めればよかったんですよね。今ならそのことがわかりますが、その時は手放せませんでした。

そんな強烈なストレス状態だったため、私の中に「休まないとダメになる」という思い込みが強迫観念のように染み付いてしまっていたのです。

でもこれって、よく考えたら、おかしな思い込みだったんですよ。

やりたくないことをやっていたから、休まないともたなかっただけであり、

「仕事をしたら休まないとダメになる」ということでは必ずしもなかったのです。

今の私はやりたいことをやっている。実際やっている最中は幸せなんです。今も幸せ。本やブログを書いてる最中もすごく楽しい。仕事の中身が好きなことに変わっているのに、昔のストレス時代のパターンを引きずって、休まないと破たんすると思い込んでいた。そして、それがストレスになっていたのです。

そうか！ そうだったのか！ 私は本当は解放されていたんだ。好きなことやってるじゃん。だったら楽しめばいいだけじゃん。ということで、その思い込みをめでたく解放しました。

「休まないともたんぞ！」という強迫観念が消えてから、奇妙なことが起こりました。

なんと、仕事の効率が1・5倍になったのです。以前よりも短時間で仕事ができるようになりました。それと同時にほんの一〇分、二〇分でも、仕事に没頭できるようになったので、こまごましたことはその時間内で終了するようになりました。その結果、どうなったと思いますか？

休む時間ができたのです！「休む時間がないない」と思っていたから、本当に休む時間がなくなっていただけだったのです。

最近はテレビでも「時短」がテーマに取り上げられたりしていますが、確かに手順を変えることで時間が短縮できることもあると思います。

でも、作業の効率を下げているのは余計な考えだということに私は気付きました。「集中」という言葉がありますが、あの集中って余計なことを考えていない状態のことですよね。

そしてもう一つ決めました。

休むときには、思う存分休むと。たとえ長時間でなくても、アロマを炷いたり、星空を眺めたり、ちょっと夜遅くなっても温泉に行ったり。近所に箱根や湯河原などいい温泉がいっぱいありますからね。その時間も遠慮なく「休むことに集中しよう！」と決めました。

そう考えると返す返すも好きなことをやるに越したことはないですよ。

これはあくまで私の場合なので、好きなことをやっていたとしてもたっぷり休んだ方がいい人もいると思います。それからあまり好きじゃないけど生活のために仕事をしている場合も休むことは大切です。

くれぐれも休まなくていいという話ではありませんので。お間違えのないように！

★結果なんてどうでもいい

「パブロフの犬」って知っていますか？　私は大学時代、心理学専攻だったのでそれについて学んだことがあったのです。

ベルを鳴らしてから餌を与える仕組みの部屋にワンちゃんを入れておくと、ワンちゃんは、「ベルが鳴ると美味しいものが食べられる」ということを学びます。すると、餌が出ない時でも、ベルが鳴ると、よだれが出るようになってしまいます。

このような状態を「ベルが鳴る＝餌をもらえる」の条件付けが成立したというのだと習ったような気がします（あまりまじめな学生ではなかったので、定かではありませんが）。

この話、ワンちゃんは動物だから、その程度のものでしょう、と思うかもしれませんが、実は人間にも大いに言えることです。

「これをすれば、これが出る」。そういう方式で、これまでの人生でいろんなことを条件付けされています。

「いい子にしていれば、愛される」。これだってそうです。確かに幼い頃であれば、それによって親の注目や先生の褒め言葉をもらえた。

でも果たして本当に満たされたでしょうか？

学生時代、教育実習で行った学校で「先生に言われたことに、ごくごく忠実に従う男の子」がいました。

「気を付け！」と言われると、他の子がくた〜っとしてしまっても、いつまでも直立不動でいるのです。まだ小学二年生ですよ。何だかすごく苦しそうだなぁと思っていたら、ある日、その子は、先生の要求に応えられない自分に、涙をポロポロこぼしました。

言うことを聞けば受け容れられるはずなのに、自分には応えられないことがある。ボクはもう幸せにはなれないのだ、という涙でした。

バスの乗り方、道路の横断の仕方、鉛筆の削り方、洋服の着方。

「こうすればこうなる」は、基本的な生活様式を学ぶ上では、とても大切なことです。

私たちは何かをすれば、何かが得られるという方式に慣らされています。それはとても確実で安全な方法のように思っています。

でも、何の結果も求めない時に、真の力が発揮できるということは、学校でも家庭でも教わってこなかった。

剣道の強者が、達人に「勝とう、勝とう」と思っていくら稽古しても勝てない。ある時、完全に「勝利」という結果を忘れて、無心になったら、あの達人の一瞬の隙を捉えられて、神業（かみわざ）のような一本を取ることができた。

その時、彼は言うのです。

「一切の執着を離れて、無心になった時、真の力が出ました」

「勝とう、勝とうと思っているうちは勝てませんでした」と。

無心の極意は、道を極めた人だけのものになってしまっています。本当はそういうことこそ、学校や家庭で教えてほしいんですけどね。

結果に囚われているうちは、恐れの中にあります。

「これが得られないとダメだ」
「それがなければ、自分は完成しない」
「そんなことがあっては困る」

そういう恐れは力を奪います。力が奪われていては、本領が発揮できないのです。

皮肉な話ですが、結果に囚われれば囚われるほど、欲しい結果は得られません。

だから、それをやってどうなるかなんて、どうでもいいんです。

ただ、なぜか知らないけれど、「今はコレだ！」そう思うものに毎瞬飛び込んでいったらいいのです。

生きている醍醐味はそこに在る。そこにこそあなたの真の美しさ、力強さ、極まった個性の発露があるのです。

私たちはそれを体験するために、人間をやっているようなところがあります。

何でもいいです。レストランで何を食べるか決める時でもいい。これを食べたら体にいい、とか悪いは全部忘れて、「なんだか知らない聞いたこともないメニューだけど、オーダーする」ことくらいなら、できるでしょう。

さて、どんな料理が出てくるのでしょうか？　結果がわかっているものではなく、どうなるかわからないけれど、直感に従った時のあのときめくような感じは、知ってる料理が出てくる時には味わえない「ライブ」な感覚です。

なんだか知らないけれど、内から力があふれてきます。

人生をもっとライブに楽しみましょうよ。結果なんてどうでもいい。そんなものからとっとと自由になりましょう。

その時内からあふれくる、無限の力と一緒に生きていきましょう。

★さらに飛躍するには？

いきなりですが、さて、ここで問題です。

たくさん学んで、どうすればいいのかはおおよそわかった。このわかったことを通じて、人生を加速させていくにはどうしたらいいでしょうか？

もうおわかりですね。行動することです。頭で理解したことを仮に「1」とすると、行動することで、それが「10」にも「20」にもなります。

小さいことでもいいんです。何か学んだら、実際に行動してみること。行動することで、勢いがつきます。じっとその場所に立って、ああなったらいい、こうなったらいいといくら思いを馳せても、じっとしているうちは、微々たる進歩しかありません。

うまくいくこと、幸せになること、豊かになること、愛に満たされること。できるだけそういうことに意識をフォーカスすることは大事です。

ですが、せっかく意識をそっちに向けたんだから、振り返らずに、まず一歩を踏み出しましょうよ。それによって大きくエネルギーが動き、あなたにとって望ましい状況がどんどん現実化していきます。

自分を愛せなかったとしたら、愛するために自分のことを一日五回は褒めましょう。ちゃんと心から。

本当に自分のやりたいことをして幸せになりたいのだとしたら、やりたくないことでやめていいことは早速やめましょう。そして毎瞬勇気を持って直感的に今やりたいことをしましょう。

いきなり転職とか大きく一歩踏み出せないとしても、できることはたくさんある。

さてここに「ドミノ倒しの法則」というのがあるのですが、ご存じですか？

これは、一歩踏み出すと、はずみで反対側の足が出て、するとまたもう一方の足が自然に前に出て、気付いたらどんどん前に進んでしまうという法則です。

宇宙は、年末謝恩セールのような大きなサポートのエネルギーを人類に送っています。一歩前に出れば、次の一歩を出すための後押しがどんどん来るということです。でもこれは一歩前に出ないと来ないエネルギーなんです。

ついでに言っておくと一歩後退する人にもさらに後退するエネルギーが強力に来ますからね。ネガティブに考えているとますますドツボにはまる。いかにもその考えをもっともらしく感じて、ますます世の中が、そして自分が嫌になってくる。

ちょっと待って！　ストップ。今自分は何を考えているんだ？　どこに意識を向けているんだ？

自分の意識に責任を持っていないと、とんでもない低い波長に同調しちゃいますよ！

あなたはどっちを選びますか？

人に社会に文句を言って、「どうせダメだもん」と言って、ますますこの人生を棒に振りますか？　それともできることからとにかく一歩、自分を信じて踏み出そうと思いますか？

それはすべてあなた次第。**あなたが古いパターンを握りしめるのをやめて、手放し、幸せを選び、小さくても一歩踏み出せば、あなたの世界は幸せに向かってどんどんシフトします。**

さて、その気になられた方は、早速今日できることをやりましょう。

そうすれば確実にあなたの人生は幸せに向かって展開していくでしょう。

第五章

勝手に幸せに なっちゃうワーク

エネルギーを循環させるとラッキーがやってくる！

この章では、なぜか幸せになる簡単なワークを紹介します。まずは手始めにこの三つ。

- 小さな親切をする
- 人の成功や幸せを、自分のことのように喜ぶ
- 一日に一回、すべてのものに感謝する

これにはどのような効能があるのか、早速ご説明いたしましょう。

まず、小さな親切をするということについて。

あなたは落ち込んでいる時、自分のことが好きになれない時、あるいはとっても怒りを感じている時、頭の中で、ああでもないこうでもないと、思考がぐるぐる巻きになっていませんか？　こんな時は、実はエネルギーが内側で回り、外に

向かって使われていない状態なのです。

水も循環がなければだんだん淀んできます。古い水が出て、新しい水が入ってくることで、浄化が進みます。

人間の体の新陳代謝も同じこと。**体と同じように、エネルギーも代謝しないと淀み、どうしてもネガティブ思考になってしまうのです。**

人に親切にすることは、このエネルギーの循環につながります。外に向かって愛を発することで、あなたにも愛が返ってくる。愛が返ってくることでまた幸せになり、また人に対して優しくなっていく。こんな循環が起こるのです。

何も身を削ってまで親切にする必要はありません。自分がやっていて心地よく感じる程度の小さなことをやり続けることがポイントです。けれどその小さな愛が積み重なって、やがて大きな愛に結実し、その波動が地球全体を包むようになるのです。

次に、人の成功や幸せを、自分のことのように喜ぶということについて。

この「自分のことのように」という部分がポイントです。「自分に起こったかのように」と言ってもいいかもしれませんね。

他人に起こったことでも、自分のことのように喜ぶ人には、自分にその幸せが起こっているかのような波動になり、その人にもそんな幸せや成功が現実化しやすくなります。

成功や幸せだけでなく、素敵！　と胸をときめかせることも、感動することも、ぜ〜んぶ、あなた自身に同じことが現実化しやすくなります。

あなたは特別だからできるかもしれないけど、私にはそんなことできない……と、自分を卑下したり、あるいはかえって自分のだらしなさに落ち込んだりする人もいますが、それってとってももったいないこと。

すご〜く幸せな人や、ピカッと輝いている人を見かけたら、よ〜し、私もあの人みたいに幸せになっちゃうぞ！　と胸をときめかせればいいんです。

そのとたん、あなたには素敵なことが起こりはじめます。だってそうでしょう。

胸をときめかせているあなたの顔は、とっても輝いていますから。とっても魅力

的になっていますから。

幸せなことが起こるに決まってるじゃないですか！

最後に、一日に一回、すべてのものに感謝するということについて。

これもエネルギー循環の一つ。**「ありがとう」のエネルギーは、あなたに幸せが流れ込んでくる入り口を作ってくれます。**たくさん感謝すればするほど、幸せを受け取る間口は広くなっていきます。

だからすべてに感謝する。見返りを期待せず、ただ無心に感謝すればするほど、幸せを受け取りやすくなります。

思考がいっぱいで頭の中がぐるぐる巻きになっている時は、入り口がふさがれている状態なんですね。つまり、人の幸せに同調したり、感謝したりすることで、幸せのエネルギーの入り口が大きくなり、親切にすれば、幸せのエネルギーの出口ができるということ。こうして愛のエネルギーは永遠に循環し、あなたもどんどん満たされていくというわけです。

これは豊かさの循環にも言えることです。自分が豊かになったら、途上国に寄付したり、募金したりして、豊かさの出口を作ることで豊かさのエネルギーが循環し、新たな豊かさが、知らないうちにあなたに流れ込んできます。

「幸せだなぁ～」と言うと幸せになる

さて、ここまで読まれた方は、これまでよりも心のブロックが早く楽に解放できるようになってきていると思います。今まで何十年も同じようなところでつまずいていたとしても、手放すのはそんなに時間がかかりません。

実を言うと、手放すのにはものの三〇分もかかりません。自分の中にある力を信じて、本当に幸せになろうと決意していれば、そんなに難しくはないんです。

まあ、難しいと思う人にとっては難しくなるのですが、カンタンだと思う人にとってはカンタンなんです。

この先も、生きてるって楽しいなぁ、毎日充実しているなぁと思って生きられたらいいですよね。

考えてみれば、私も幸せ者です。昨日もよく眠れたし、毎晩光も送らせていただけているし、ご飯も美味しく食べられたし、とりあえず元気だし……。

これだけでも何も言うことがないくらい幸せです。よく考えてみれば恵まれていることの何と多いことか……。

当たり前のようなことの中にも、本当はとても幸せで、宇宙に感謝したいことがたくさんある。

「あ〜、幸せだなぁ〜、ありがたいなぁ〜」思わずそうつぶやいてみたら、不思議と幸せがじわじわ広がってきます。

みなさんもちょっと振り返って、あなたの今の生活の中にある何気ない幸せを、一つ、二つ、三つ、……数え上げてみてください。

そうか、自分って意外に幸せなんだ！と思ったら、口に出して「あ〜、幸せだなぁ〜」と、言ってみてください。体中に幸せの波動が広がりますよ、きっと！

うまくいってないこともあるでしょう。誰かのことを許せない時もあるでしょう。でも、そんなことを嘆くよりも、幸せを数えてみましょう。そして感謝してみましょう。

その後で、そのうまくいってないことや腹の立つ人のことを思い出すと、なぜかそれほど気になりません。そんなことどうでもいい。そんなことを考えるよりも、今を、そしてこの先をどう楽しむかを考えたいなぁという気になります。

実際、自分が思っているよりも私たちはずっと幸せなんです。落ち込んでいる時は、そのことを忘れて、違うことを考えているだけなんです。

だから幸せの方向に意識を向け、「幸せだ」と口に出せば、やがてそっちが普通になってきて、とんでもない幸せ者になってしまうでしょう。

なぜなら、人が意識を向けたものが実現していくのがこの宇宙の法則ですから。

それではみなさんご一緒に、英語のレッスンじゃないですが、Repeat after me!（私の後に続いて言ってみて）

「幸せだなぁ、本当に幸せだ」

「みんなありがとう、ありがとう、ありがとう」

ちょっとちょっと。

読んでるだけじゃなくて、本当に口に出してよ。

ねっ、これだけでちょっと違うでしょ。

今日から幸せをいつも数え上げて、「幸せだなぁ〜」と口に出して言ってみましょう。そしてどんどん幸せになってしまいましょう。

優先順位を無視してみる

よく「優先順位を付けなさい」と言われます。

「今やりたいかやりたくないか」よりも、「やるべきことを先にやること」が大事だということなんでしょう。

たとえば、あなたが今日、うちに帰ったらギターを弾くのをとても楽しみにしていたとします。特にFコードを上手に弾けるように練習したい、そしてもう少しコード進行を上手にやれたら、好きな曲を弾ける、とワクワクしています。

ところが明日、会社でプレゼンをすることになっていて、その準備ができていない。ちょっとデータの集計をしないといけない部分がある……。

だとしたら、たぶんギターを弾くのを後回しにして、きっと渋々パソコンに向かい、データの集計をするでしょう。

「あぁもう、やってらんないよぉ～。プレゼンなんか、だいたい嫌いなんだよ、もう」とか言いながら。

その気持ちよくわかります。これまでの人生で私たちは、やりたくないのに優先順位とやらに縛られて、どれだけやりたいことを後回しにしてきたことか……。そして気が付くと一番やりたかったことに時間が取れなくなってしまい、楽しみが毎日の生活から遠のいていくのです。

そして何となく朝からパッとしない気分の日々が続き、ストレスが溜まってしまい、そのうちギターを弾く気力もなくなっていくのです……。少なくとも私はそうでしたよ。

こういう日々を繰り返していると、人生がつまらなくなっていきます。そんなのもったいないでしょう？ そこで提案です！

今日はこの優先順位とやらを無視してみてください。

そしてやりたいことを先にやってみてください。そんなに時間をかけなくてもいいです。さっきの例で言えば、まず、

①ギターのFコードの練習を先にやってみる

ちょっと気が済むまでやってみて、気が済んでから、

②データの集計をしてみる

この順序でやってみてください。

すると不思議なことが起こります。楽しみにしていたことを先にやるので、心が満たされるのです。そして力が戻ってきます。

その後、そろそろ頃合いだなぁと思うところでデータの集計に向かうと、心が満たされた後なので、集中力が違います。それで渋々集計をやっていた時とは比べものにならないくらい効率的に終わります。

でもギターを弾いている最中に、データの集計をやっていないことが気になってしまう……という方は、「ちゃんと間に合う、すべてうまくいく」とアファメーションしてください。実際すべてうまくいきます。本当です。やってみればわかります。

愛を受け取れるようになるカンタンな方法

愛って、この世界には無限にあります。

何も人間からだけでなく、花からも木からも、空からも、海からも、愛は放射されています。今あなたが座っている椅子だって、あなたが座ってくれたことがうれしくて、あなたに向かって愛を放っている。

愛はありとあらゆるところにあり、あなた自身も愛であるのに、私たちはそのことをしょっちゅう忘れています。

そして自分は愛を受け取っていいのだろうか、それほどの価値があるのだろうかと疑ったりします。

あなたが、愛を受け取り慣れていないのなら、ちょっといい方法があるので、ご紹介したいと思います。

それは宇宙から無限の愛を注いでもらうという方法です。

宇宙はあなたを無条件に愛しています。これまであなたがどんなことをしてきたとしても、あなたのすべてを許し、愛し、慈しんでいます。この深くて大きな愛に、どうぞ包まれてください。

やり方はカンタンです。

1. 座るか、大の字になって寝る
2. そして、宇宙に「無限の愛を注いでください」とお願いする
3. するとあなたの全身と全エネルギー体に、無限の愛が降り注ぎ、深く浸透する

無限の愛は、あなたの心を落ち着かせ、満たし、くつろがせ、幸せにしてくれます。

十分に満たされたと思ったら、宇宙に感謝して終了します。

宇宙からの無限の愛を受け取り続けると、あなたのハートが開いてきます。そして人からの愛も、さらには自然界からの愛も受け取れる間口が広がっていきます。

あなたは素晴らしい人です。今日も一日よくやりました。あなたが自分なりに必死に今日を生きていることを、宇宙はちゃんと見ています。

そしていつもあなたの幸せを願っています。あなたはどんな時も愛され、見守られています。決して見捨てられることはありません。

普通のことを全身全霊でやってみる

お洗濯すると、いろいろなものがきれいになって、外に干して取り込んだ洗濯物はお日様の香りがして、とても気持ちいいです。こういう普通の家事が、本当は生活を支える大事なことなんだなぁ、と改めて感じています。

たとえば、お洗濯をする時に、他のことは一切考えないで、ひたすら洗濯に集中する。

洗濯機に洗濯物を入れるのも無意識に放り込まないで、指から洗濯物が離れていく感触をちゃんと感じてみる。

洗濯機に洗剤を入れる時も、洗濯槽に洗剤が散らばり、水に溶けていき、少し香ってくる様子も感じてみる。

ボタンを押して蓋を閉めた瞬間も、洗濯機を感じてみる。

なんだか洗濯機から「アイアイサー」的な、やる気のような、気合いのようなものが伝わってくる。

そういう些細な日常の一つひとつを、大事に大事に、100%集中してやることは、瞑想するのと同じことです。それをやっている時は、どうしたって「今」にいます。ちゃ～んと「今」にいる。どうしようもなく「今」にいる。

この感じ!!! なんだか笑いが腹の底から湧いてくるようなこの臨場感。

前から生きているとは思っていたが、本当に生きていたんだな、という感動みたいなもの。そういうものをきっと感じるはずです。それをいろいろな瞬間に試してみてください。世界が全く違ったものに見えてきますから。あなたにいろいろなものが語りかけ、愛を表現していることに気付くはずです。

たとえば今日、100%顔を洗うことに集中してみませんか?

水の手触り、水が顔に触れる感触、石鹸の手触りや泡立ち、そして香り、泡が顔に付く瞬間の「はっ」とする感じ、泡が落ちていく時の顔の感じる自由さ、洗い上がった時の、生まれ変わったようなサッパリ感。

本当はね、生きているすべての瞬間が神聖であり、新生であり、真正なんですよ。ところが頭がいっぱい過ぎて、そのことに意識が向かなかっただけなんです。

でも、それはすぐに取り戻せる。あなたが思考ではなく、今この瞬間に意識を向けさえすればいいのです。

もしも全身全霊で顔を洗えば、洗顔も神とつながる神聖な行為だと気付くでしょう。

取りたてて瞑想とか、特別なことをしなくても、実はどの瞬間も、真実にアクセスできることに歓喜するでしょう。

何もやらない勇気

なんにもしたくない時ってありますよね。魂に従って生きたいって思っているんだけど、魂が何を望んでいるのかもよくわからない。自分が何をやりたいのかも、とんとわからない。何かやらなきゃなぁって思うんだけど、何もしたくない。

そういう時もあります。

これまでにあまりに人の期待に応えてばかりだった人。

どうしたいかよりも「〜ねばならない」で頑張ってきた人。

とにかく人生に疲れている人。

そういう人はね、すぐに何がやりたいか浮かんでこなくて当たり前なんです。

でもね、「魂に従って生きるぞって決意した。だからそう生きてみたいんだ」というのならば、この際、徹底的に何もやらないでみる。

もちろん何もやらない自分を責めない。責める必要はない。

なぜなら「何もやらない」という壮大な実験にトライしているんだから、サボってるわけではないじゃないですか。必死に向き合っているわけですから、立派なんです。

だから責めずに、とにかくじ〜っとしてみる。

この何もやらないというのは、本当に何もやらないってことです。「テレビ見る」とか、「ゴロ寝する」とか「適当に気晴らしする」とか、そういうことは一切やらない。

部屋の中で、じーっとしてるってことです。

テレビもラジオもネットももちろんオフ。トイレと食事以外は動かない。椅子に座るか、膝小僧を抱えて体育座りするかして、部屋の中でじっとしてみる。

「あっ、郵便局行かなきゃ」とかいうような、用事を済ます的なことも一切やらない。

「あの本読んでおかなきゃ」とかいう、〝ねばならない〟から何かしようとすることもしない。

心から「あれがやりたい♪」ってことが浮かぶまでじっとする。

ついに心から「あれがやりたい！」ということが浮かんだら、たとえそれが、ゆっくりお風呂に入りたいとか、隣のおじさんにみかんをあげたいとか、すごく些細なことであったり、一見魂の聖なる衝動と全然関係ないように思えることであったりしても、とにかく行動に移す。

そこから本当は何がやりたいのかの輪郭がはっきりしてきます。

中途半端に何かやってしまったり、気晴らしをしてごまかしたりしなければ、きっとあなたの魂は叫びを上げます。

今まではどこかだましだましやっていたから、本当のことがわからなかっただけです。魂の力は強烈なんです。これには誰も抗えない。ごまかせない。

魂に従っていない時は、なんかスッキリしないでしょ。

一見、世間的にうまくいっているように外から見えていても、自分自身に対してはごまかせないでしょ。なんかず〜っとモヤ〜っとしてるでしょ。

どうにもこうにも、本当は魂に従いたいんです、誰もが！

止めないでぜ~んぶやってみたいんです。恐れとか迷いとか蹴散らすくらい何でもないほど、自分の中にたぎっている力があることを本当は知っているんです。自分がどんだけすごいのか、知らない振りをしてるけど、実はちゃ~んと知っているの!

しらばっくれちゃダメ! 自分にウソをつくことなんてできない! みんな本当は知っている。何を表現したくてこの肉体に宿ったのかを。何を体験したくて人間やっているのかを。

これをやるのに二十四時間もいりません。一時間でもやってみればわかります。

今までじっとしていたことなんてなかったんだから、きっちりじっとしてみたら、きっと本当のことがわかります。

わかったら、それがリスクのあることだったとしても、挑む。

やってみれば、今まで何を怖がっていたんだろうなっていうくらい、どうってこともないことに囚われていたんだなって笑ってしまうでしょう。

一〇秒の魔法

「わたしゃねえ、どうにもこうにも、頭が嫌なことでいっぱいで、ぐるぐる巻きから抜け出せないのよ」っていうことも、人間をやっていればありますよね。

この状況から脱する、「一〇秒間の魔法」をお教えしましょう！

それは、一〇秒間思考を停止することです。

なんですと！　どういう意味ですか、それ？　と思われる方もいらっしゃるでしょうね。

これは、読んで字の如く、本当に頭の中のおしゃべりを一〇秒間停止するということです。

人間はみな、実はこの世界を創造した宇宙に通じる力を持っています。つまり、自分がどうすれば最善なのか、本当は知っているのです。

ところが、頭がいっぱいだと、その光の入り口がふさがっている状態なので、

よくわからなくなるのです。

そこで頭のおしゃべりをやめると、パッと光が差し、我に返るというわけです。そしてその状態で、しばらく呼吸に意識を向けていれば、本当は自分がどうしたいのか、わかってきます。

もしも、その時にすぐに答えが出なくても、あとからパッと閃きがやってきたりしますから、まずは、ぐるぐる巻きを一時停止することに大きな意味があるのです。

瞑想は、実はこの思考停止状態を意図的に作る手法に過ぎません。私自身も毎日瞑想していますが、光とつながるコツさえわかれば、本当は一〇秒間でよくなるのではと思っています。

頭がぐるぐるしてきたら、一度お試しください。少なくとも、心の波が治まるのを感じるはずですよ。

幸せを貯める幸せ口座を作ろう！

私は毎朝「私は必要なものはすべて持っている。ありのままで完全です。私はありのままの私を愛します」などと、胸に両手を当ててやっていますが、本当にこれがいいんですよ。

これをして、ベランダに出てお日様を浴び、深呼吸をしていると、いろんな楽しかったことを思い出します。

きっと幸せモードになっているので、記憶の中の幸せが蘇ってくるんでしょうね。

みなさんはどんな時に幸せを感じますか？

たとえば部活が終わって帰ってくる途中でかいだ温かな夕餉（ゆうげ）の匂い。

夏休みに風通しのいい座敷で昼寝した時の安心しきった解放感。

はじめて水に浮いた時の不思議な感動。

子供の寝顔を見た時の何とも言えない幸福感。

山登りをした時に山頂で飲んだ一杯の水の美味しさ。

……日常のさりげない風景の中に「ああ、幸せだなぁ」って感じる瞬間があると思うんですね。

その幸せな瞬間を、たとえば手帳に書き留めておいて、いつでも見られるようにしておきます。**お金も銀行口座に貯めて、必要な時に引き出せますが、幸せもあなたの幸せ口座に、こうして貯めておいて、必要な時に、引き出すことができます。**

つまり幸せの瞬間の記憶を書いておくことで、もう一度それを見た時に、思い出し、再生できるということです！

何となく気分が沈んだり、自分が不幸に思えたりする時に、その幸せ口座にアクセスすれば、幸せが蘇ります。

幸せ口座のいいところは、お金の口座と違って、引き出してもなくならないところです。何度引き出してもいいし、また何か幸せなことがあったら、そこに貯めておくことで、どんどん複利で増えていく不思議な口座です。

幸せに目を向ければ、幸せになるのだとしたら、幸せを忘れないように、書き留めておくことはきっと役に立つはずです。

もう一つこの口座の面白い特徴をお話ししましょう。

この幸せ口座の残高が増えていくと、物理的な豊かさも増えていきます。豊かさとは幸せな人のところにやってくるようにできています。

あなたも今日から幸せ長者になってくださいね。

瞬間思い付き行動のすすめ

魂に従うことを何かものすごく難しいことだと思っていませんか？

普通にそんなことができるわけがないと思っていませんか？

はっきり言いましょう。全くそんなことはありません。

何事も難しく思わせて、努力や研鑽（けんさん）を積まないとできないし、そういうものでないと価値がないと思わせるのはエゴの得意技です。真実はシンプルで、カンタンなのです。

ちょっと話は変わりますが、あなたはいつも駅に行く時、同じ道ばかりを通っていませんか？　その道が最短だと思っていませんか？

ご飯を食べる時に、頭で何を食べるか決めていませんか？　食べたいものよりも、体にいいものにしようと思っていませんか？

ワードローブを見てみたら、なんだか同じような色の服ばかりありませんか？

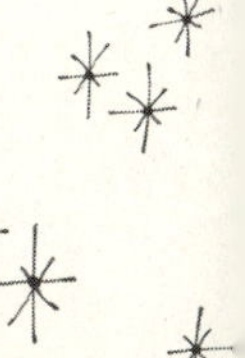

それが自分に似合うしカッコいいと思っていませんか？　道ですれ違った自分の好きなタイプの人はこういう人と決めていませんか？

くらいの人は、出会いの対象ではないと思っていませんか？

私たちは無意識に自分を制限しています。もっと別な道や可能性がいっぱいあるのに、自ら可能性を狭めています。

本当はそういうことに飽き飽きしているのに、「頭」がそれが安全だと思い込んでいて、その枠から抜け出せなくなっています。そして同じことばかりを繰り返す。

いかに思考があなたを牛耳っているか、わかりますか？　魂に従うとは、思考を超えて、理由も根拠もなく、ただ何となく「これ♪」と感じることに従うことです。

それは、あなたにある無限の可能性を自分に許すことでもあります。それは何も大それたことではありません。

今日、駅に行く時、いつも通りの道ではなく、「何となくこっちに行ってみたい」という直感に従って歩いてみてください。

何となく魅かれるそっちの方角に、見たこともない美しい花が咲いているかもしれないし、家と家の隙間から富士山が見える場所があるかもしれない。こんなところから富士山って見えたんだぁ、と感動するかもしれない。かなり愛想のいい犬がいて、ちょこっと触れ合えただけですごく楽しくなるかもしれない。

何もないかもしれないけれど、旅行に行かなくても、新しい道を歩くだけで新鮮な気持ちになれるんだなと感じるかもしれない。

何を食べるかだって、体にいいかどうかではなく、「体が真に求めているもの（＝命の叫び）」に従ってみてください。世の中で体に悪いと言われているものは、「悪い」と思うその思い込みが体に悪影響を与えているだけだったりするのです。

だいたい科学は人間の体の神秘をすべて解明しているわけではない。

どうしても体が欲するなら、その方が体にいいのかもしれません。枠を越えて、体の自由に任せてみると、食事自体が全然違ったものになるかもしれません。

服だって、本当は赤い色が好きなのに、赤なんて着たら目立ってしまう。目立つのは怖いと思って避けていたかもしれませんが、意外や意外！「何だか好き」って思ったその赤い服を着て行ったら、みんなにとっても似合うよと絶賛されるかもしれません。

私は以前そういう人に会ったことがありますよ。

「赤なんて有り得ない」と思っていたその人が、深紅のセーターを着て現れたら、美しく映えて、輝いて見えて、みんなが彼女の周りに集まって「素敵、素敵！」の大合唱になりました。

黒だってそうです。不吉な色、暗い色、避けるべき色と、特にスピリチュアルの世界では言われますが、葬式以外で黒い服を着て、何が悪いのでしょうか。

何となく今日は黒が着たいなと思ったら、黒を着ればいい。その日のあなたはとても締まったシックな雰囲気を醸し出すと同時に、とても心が安らかで落ち着いた気分で過ごせるかもしれない。

人は黒を欲する日だってあるのです。

好きなタイプは、身長が何センチで、収入はこのくらいで、こういう話ができないとダメで、年齢は何歳から何歳で、長男はダメで、ああたらこうたら……。

本当にそんな人があなたを幸せにするのでしょうか？

あなたと真に愛し合えるパートナーは、あなたの頭では決して割り出せません。

あなたは条件とは愛し合えません。生身の人間の愛と愛が響き合う形でしか愛し合えません。

こういう人だなんて決めて、わざわざ自縄自縛せず、すべての出会いの可能性に対してオープンにしていればいいのです。

愛は条件を超えます。

今、宅配便を届けにきたお兄さんが、本当はあなたのベストパートナーかもしれないのに、あなたはただの「クロネコさん」としてしか見ていない。あぁもったいない。

魂に従うとは、「無」から湧き上がる直感を信頼するということです。

何も根拠なく、何となく、瞬間的に思い付くことをやってみるだけでいいのです。道でも、食事でも、服でも、なんでもいい。

さあ、今この瞬間、「無」になって、「う～ん、なんかこれ！」というものに、根拠もなく従ってみてください。子供が遊んでいる感覚でいいのです。

その遊びのような自由さが、あなたを自然に魂の道に導きます。

こんなことは今すぐできることです。決して修行しないとできないような難しいことじゃない。

さあ、どうぞ。魂に従う道は年中無休二十四時間オープンしています。どこからでも入ってください。

おわりに――あなたの人生を謳歌できるのはあなただけ

あなたはこの宇宙の最高傑作です。

宇宙はあなたのような人を作りたかったんです。

そんな姿かたちで、そんな性格で、できることもできないこともあり、泣いたり笑ったり怒ったりする、そんなとってもユニークな存在をこの世に生み出したかった。

だから、あなたが生まれた時、本当に世界中が歓んだんです。よく生まれてきてくれたね。あなたが生まれてくれたことで、この宇宙はさらに豊かになるよ。ありがとうって。

でも私たちは、そのことを一度忘れることにした。もう一回、こんな自分がいかに素晴らしい存在だったのか、思い出すゲームをはじめたんです。

だから、「お前のここがいけない、ここを直せ」。「もっとこれができるようにならないとダメだ」って言われる経験をすることになった。自分なんていなくてもいい存在なんじゃないかと思い込むようになった。

でもね、そろそろそれがゲームであることに気付きはじめた。たぶんそういう人たちがこの本を読んでいるのだと思います。

この私でいいんだ。思うままに生きていいんだ。この私を謳歌しようと決めた時、私の人生も大きく変容しました。

あなたも変わらなくていい。探さなくていい、目指さなくていい。

この本は、「そんなあなたを宇宙は無限に愛しているよ」っていう賛歌のようなものです。

昔の私のように、違うものになろうとして苦しんでいる人が、そのままでいいのだと気付くきっかけになったら、とてもうれしいです。

最後に、私のブログをいつも応援してくださっている素晴らしい読者のみなさんに、深い愛と感謝を捧げます。いつも本当にありがとうございます。

大木ゆきの

二〇一五年四月

もしも、
会社に行く途中で30万円を落としたとしても、
恋人に浮気され、
しかもその浮気相手が、親友だったとしても、
あなたはそこに幸せを見いだせます。

…いや、幸せになろうとすらしなくていい。

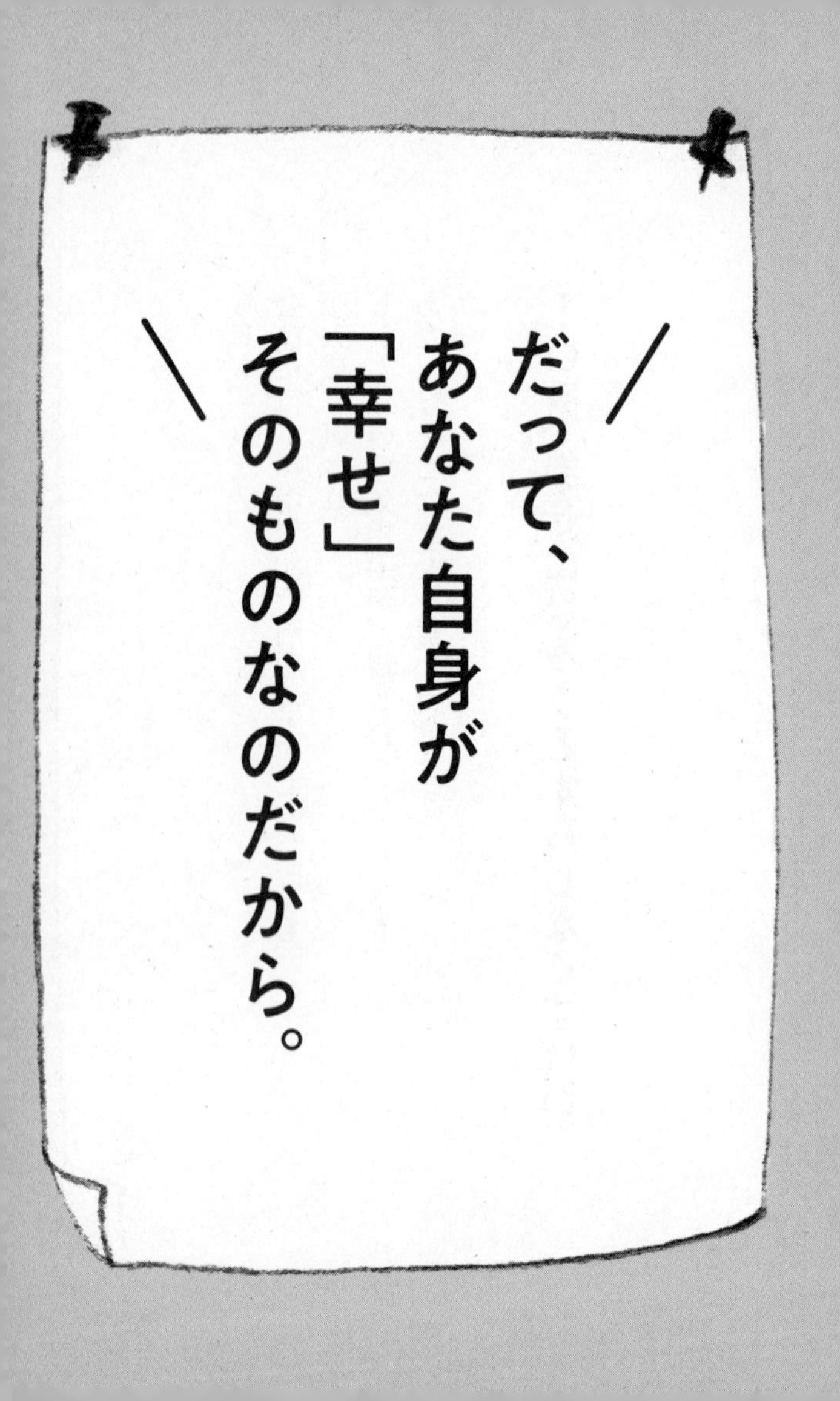
だって、
あなた自身が
「幸せ」
そのものなのだから。

幸(しあわ)せなことしか起(お)こらなくなる48の魔法(まほう)

著　者―大木ゆきの（おおき ゆきの）

2019年　5月20日　初版1刷発行

発行者―田邉浩司
組　版―萩原印刷
印刷所―萩原印刷
製本所―ナショナル製本
発行所―株式会社光文社
東京都文京区音羽1-16-6 〒112-8011
電　話―編集部(03)5395-8282
書籍販売部(03)5395-8116
業務部(03)5395-8125
メール―chie@kobunsha.com

ISBN978-4-334-78761-5　Printed in Japan

78317-4
bい6-1

井上(いのうえ) 靖(やすし) 監修

私の古寺巡礼(一) 京都I

知恩院(梅原猛)、東寺(司馬遼太郎)、東福寺(大岡信)、醍醐寺(井上靖)など、文人著名人が古寺を訪れ、その魅力を存分に語る珠玉のエッセイ集。(序文・梅原 猛)

680円

78685-4
tう4-1

烏賀陽百合(うがやゆり)

一度は行ってみたい 京都「絶景庭園」

文庫オリジナル

四季折々に美しい庭、見る角度で景色を変える庭―庭は奥が深い。そして愉しい。京都で活躍するガーデンデザイナーが、美しい写真とともに、その見どころを徹底ガイドする。

840円

78686-1
tか7-5

柏井 壽

おひとり京都 冬のぬくもり

寒さ厳しい京都の冬。だからこそ、旬の味覚で心の底から温まる。そして憧れの名旅館で至福の眠り―。好評の京都案内シリーズ、充実の完結編。『京都 冬のぬくもり』改題。

640円

78714-1
tか3-5

河合 敦

変と乱の日本史

歴史を変えた18の政変とクーデター

文庫書下ろし

「乙巳の変」から「二・二六事件」まで、歴史を揺るがせた18の政変、クーデターをわかりやすく解説。教科書の定説だけに囚われない、多角的な視点で歴史の舞台裏を描き出す。

820円

78625-0
tし3-2

所澤(しょざわ) 秀樹(ひでき)

鉄道地図は謎だらけ

なぜか一駅間だけ途切れているJR四国の路線。駅名も乗り換えも面倒くさい近鉄線の不思議…。索引地図の謎をめぐって旅すれば、知らなかった鉄道の真実が見えてくる!

667円

78710-3
tせ2-1

デイビッド・セイン
エートゥーゼット 訳

ネイティブは たった100語で話している!

本書で取り上げる100語を上手に使えるようマスターすれば、自分の言いたいことが、難しい単語をつかうよりずっと自然に、英語らしく、ほとんど表現できるようになる!

740円